四特 教育系列丛书 SITEJIAOYUXILIECONGSHU

U0633049

学生遵纪守法教育

萧 枫 姜忠喆◎主编

特约主编： 庄文中 龚 玲

主　 编： 萧 枫 姜忠喆

编　 委： 孟迎红 郑晶华 李 菁 王晶晶 金 燕

　　　　 刘立伟 李大宇 赵志艳 王 冲

　　　　 王锦华 王淑萍 朱丽娟 刘 爽

　　　　 陈元慧 王 平 张丽红 张 锐

　　　　 侯秋燕 齐淑华 韩俊范 冯健男

　　　　 张顺利 吴 姗 穆洪泽

　　　　 左玉河 李书源 李长胜 温 超

　　　　 范淑清 任 伟 张寄忠 高亚南

　　　　 王钱理 李 彤

"四特"
教育系列丛书

吉林出版集团有限责任公司

图书在版编目（CIP）数据

学生遵纪守法教育／《"四特"教育系列丛书》编委会编著． - - 长春：吉林出版集团有限责任公司，2012.4

（"四特"教育系列丛书／庄文中等主编．班主任治班之道）

ISBN 978 - 7 - 5463 - 8779 - 6

Ⅰ.①学… Ⅱ.①四… Ⅲ.①中小学生 - 法制教育 Ⅳ.①G631.5

中国版本图书馆 CIP 数据核字（2012）第 044666 号

学生遵纪守法教育

责任编辑	孟迎红　张西琳
责任校对	赵　霞
开　　本	690mm×960mm　1/16
字　　数	250 千字
印　　张	13
版　　次	2012 年 4 月第 1 版
印　　次	2018 年 2 月第 1 版 第 2 次印刷
出　　版	吉林出版集团股份有限公司
发　　行	吉林音像出版社有限责任公司
	吉林北方卡通漫画有限责任公司
地　　址	长春市泰来街 1825 号
	邮　编：130062
电　　话	总编办：0431 - 86012906
	发行科：0431 - 86012770
印　　刷	北京龙跃印务有限公司

ISBN 978 - 7 - 5463 - 8779 - 6　　　　　定价：39.80元

前　言

　　学校教育是个人一生中所受教育最重要的组成部分,个人在学校里接受计划性的指导,系统地学习文化知识、社会规范、道德准则和价值观念。学校教育从某种意义上讲,决定着个人社会化的水平和性质,是个体社会化的重要基地。知识经济时代要求社会尊师重教,学校教育越来越受重视,在社会中起到举足轻重的作用。

　　"四特教育系列丛书"以"特定对象、特别对待、特殊方法、特例分析"为宗旨,立足学校教育与管理,理论结合实践,集多位教育界专家、学者以及一线校长、老师们的教育成果与经验于一体,围绕困扰学校、领导、教师、学生的教育难题,集思广益,多方借鉴,力求全面彻底解决。

　　本辑为"四特教育系列丛书"之《班主任治班之道》。班主任是教师队伍的重要组成部分,是班级工作的组织者、班集体建设的指导者、学生健康成长的引领者,是思想道德教育的骨干,是沟通家长和社区的桥梁,是实施素质教育的重要力量。班主任工作是学校教育中极其重要的育人工作,既是一门科学,也是一门艺术。班主任工作既包括日常的教学管理,也包括班级文化建设。

　　本辑共 20 分册,具体内容如下:

　　1.《管好班干部》

　　班干部是班集体的核心,也是班级的"火车头",这个"头"带的好不好,马力足不足,直接影响到整个班级的运转。有了优秀的班干部队伍,班级各项工作就会顺利开展,班级面貌就会生机勃勃;反之,班级就是一盘散沙,集体就会涣散无力。因此,如何培养一支素质高、能力强的班干部队伍,显得尤为重要。本书对班主任如何管理好班干部进行了系统而深入的分析和探讨,并提出了解决这一问题的新思路、可供实际操作的新方案,内容翔实,教案丰富,对中小学班主任颇有启发意义。

　　2.《带班的技巧》

　　本书讲述的常见问题与解决策略,绝大多数来自新时期一线班主任的教育实践,因此,其实用性和可操作性是不言而喻的。同时.本书又不拘泥于就"问题"论"问题",而是透过现象看本质,善于引导新班主任们看到问题背后更深层次的东西,从而看得更远、想得更深、悟得更多。

　　3.《全能班主任》

　　优秀的班主任是如何炼成的? 他们的成长要经过多少道磨练? ……本书对优秀班主任成长必经的多项全能进行了深刻剖析与精彩演绎。

　　来自一线最真实的问题,来自一线最优秀班主任的"头脑风暴",来自全国著名班主任的点拨,使得本书在浩如烟海的班主任培训用书中脱颖而出。

4.《拿什么约束班主任》

班级是学校进行教育、教学工作的基本单位。班主任是班集体的组织者、教育者和指导者,是学校领导实施教育、教学计划的直接执行者,是指导团队开展工作的重要力量,是沟通学校、家庭、社会三结合教育渠道的桥梁。为了能更好地体现新课程改革对班主任工作的要求,进一步规范班主任工作的管理,明确班主任工作职责,促进班级工作的开展,建立良好的班风、校风,班主任教师除了在工作中讲究技巧性和艺术性外,还应该有严格的工作要求与便于实践操作的基本规范。

5.《班主任的基本功》

班主任工作十分繁杂,头绪很多,要想成为一名优秀的班主任,应当从事务堆中解脱出来,始终保持清醒的头脑,以明确自己的使命。本书全方位地阐述了新时期做好班主任应具备的各方面要素;它从班主任实际工作出发,从工作中出现的问题入手,再到详细地分析问题的成因,最后提出解决问题的方法、策略或建议。本书反映了我国新时期有关班主任工作的方针、政策的新动向,反映了班主任教育理念发展的新趋势,同时也反映了班主任工作实践活动的新发展。

6.《从细节入手》

班主任是班级的组织者、协调者、领导者和教育者,他是距离学生最近、与学生接触最多、对学生影响最大的老师。他的管理、他的教育影响的发挥在很大程度上取决于对教育细节的把握。细节虽小,却能透射出教育的大理念、大智慧。一个成功的班主任,一定是一个关注细节、善于利用细节去感染、教育和管理学生的人。

7.《班主任谈心术》

当前,青少年心理健康问题已成为全社会越来越关注的焦点。因青少年心理问题引发的违法犯罪等社会问题,也呈日趋上升的态势。现代教育的发展要求教师"不仅仅是人类文化的传递者,也应当是学生心灵的塑造者,是学生心理健康的维护者"。作为一班之"主"的班主任,能否以科学而有效的方法把握学生的心理,因势利导地促进各种类型学生的健康成长,将对教育工作的成败有决定性的作用。但是,面对性格迥异,出身、家庭等各有不同的学生,如何走进他们的心灵、倾听他们的心声、解决他们的思想问题?本书将一一为您解答。

8.《班主任治班之道》

班级是学校的基础"细胞"。班级管理搞好了,学校的教育、教学工作才会得以顺利。正如赫尔巴特所说:"如果不坚强而温和地抓住管理的缰绳,任何功课的教育都是不可能的。"可见班级管理工作是多么的重要。而班主任作为班级的组织者、管理者,做好班级的管理就成为班主任工作的重中之重。

9.《怎样开好班会》

主题班会可以锻炼学生的活动能力,开拓他们的眼界。如何设计好一场别开生面的主题班会,寓教于乐,从思想上和情感上润物无声,对学生起到特殊的教育作用,这本手册是您的最好选择。分类细,立意精,内容新,一册在手,开班会不愁!

10.《突发事件应对》

书中列举的大量真实生动的案例,无不充满智慧,充满心与心的交流。书中的一幕幕校园闹剧,让人有种似曾相识的感觉;书中老师的"斗智斗勇",让人感到耳目一新,由衷叹服,不禁感慨教育真是一门充满智慧的学问!

11.《学生人格教育》

本书从人格类型入手,对教师和学生的人格类型进行了划分;再结合大量实证研究和教学实践个案,提出了教师应如何巧妙地根据学生的心理类型,在全班教学的同时又针对类型差异,进行适应个别差异的教学和管理,以满足学生的需要来激发学生的学习兴趣,进而提高教学效率,使每个学生得到适合自己的发展。阅读本书,教师不仅能够掌握更有效的教学方式、让学生喜欢上学习、提高教学质量,而且能够对自己有更进一步的了解,有利于教师的自我成长。

12.《学生心理教育》

当前我国教育改革和发展面临的重大任务和时代主旋律,是全面实施和推进素质教育。素质教育的重要内容和目标之一,就是培养学生良好的心理素质,提高学生的心理健康水平。而要想培养和发展学生的心理素质,最重要的方法就是面对全体学生系统地开展心理健康教育。本书就是一本供中小学生心理健康教育用的书,有助于引导中小学生领悟到相关的理念、知识和方法。

13.《学生遵纪守法教育》

对广大青少年的遵纪守法教育应根据其认识水平,从纪律教育入手,让他们从小建立起规则意识。而且要明确所在学校的校规,所在班级的班规;要了解学校的各种制度。由学校的一些纪律制度,推而广之,让青少年对必要的社会公共秩序的规定也要有所了解。同时,要青少年明白人小也要守法。本书以青少年为主要读者对象,目的是让青少年读者感受到遵纪守法的必要性。

14.《学生热爱学习教育》

本书通过大量实例,深入浅出地剖析了动机的重要性和来源,教您如何激发学生投入学习的动机,怎样鼓励学生完成学习任务,还告诉您怎样及时遏制学生在课堂上的不当动机。掌握了激发学生学习动机的策略之后,您会发现,让学生都爱学习,已不再只是梦想,它正在慢慢变为现实。

15.《学生热爱劳动教育》

教育与生产劳动相结合是我党教育方针的重要组成部分,是我们坚持社会主义教育方向的一项基本措施。要搞好教育与生产劳动的有机结合,必须首先教育学生热爱劳动,使每个学生对劳动产生渴望,感到劳动是一种欢乐,是一种享受。当学生能从劳动中取得乐趣时,劳动教育才算获得成功。

16.《学生热爱祖国教育》

热爱祖国是中华民族的传统美德,是每个公民的神圣义务。"以热爱祖国为荣,以危害祖国为耻"不仅是一个普通的道德准则,也是公民的生活规范。爱国主义是维护中华民族大团结,促进社会大发展的主要精神动力,是中华民族最基本、最重要的传统美德。爱国主义,也是对自己祖国和人民的深厚感情。

17.《学生热爱社会教育》

构建社会主义和谐社会,必将为青少年健康成长创造一个优良的社会环境。同时,加强青少年社会教育,促进青少年健康成长,对于促进社会主义和谐社会建设,也具有十分重要的意义。社会的持续发展,持续和谐,在很大程度上取决于今天的青少年能否成为未来社会的合格成员,而培养合格的社会成员,仅靠学校教育、家庭教育是不够的,必须坚持学校教育、家庭教育和社会教育相结合。

18.《学生热爱科学教育》

当你们看着可爱的动画片,玩着迷人的电脑游戏,坐上快速的列车,接听着越洋电话的时候,……你可曾意识到科学的力量,科学不仅改变了这个世界,也改变了我们的生活,科学就在我们身边。科学技术的日新月异,使得科学不只为尖端技术服务,也越来越多地渗透到我们的日常生活之中,这就需要正处于青少年时代的我们热爱科学,学习科学。

19.《学生热爱环境教育》

我们不是从祖先那里继承了地球,而是从子孙那里借用了地球。宇宙无垠,地球是一叶扁舟,人类应该同舟共济。地球能满足人类的需要,但满足不了人类的贪婪。森林是地球的肺,我们要保护森林。水是生命的源泉,珍惜水源也就是珍惜人类的未来。拯救地球,从生活中的细节做起。对待环境的态度,表现着一个人的素质和教养。人类若不能与其它物种共存,便不能与这个星球共存。幸福生活不只在于衣食享乐,也在于碧水蓝天。

20.《学生热爱父母教育》

专家认为教育首先是让孩子"成人",然后再是"成才"。要弄清成绩、成人与成才三者的关系,谨防"热爱教育"缺失造成的心灵成长"缺钙"现象。对一个孩子健全人格的培养,最关键的要让他做到几点:热爱父母,能承受挫折、吃得起苦,有劳动的观念。热爱父母,才能延及热爱社会、热爱人生。

由于时间、经验的关系,本书在编写等方面,必定存在不足和错误之处,衷心希望各界读者、一线教师及教育界人士批评指正。

编者

目　录

第一章

学生遵守纪律教育的理论指导

1. 纪律的内涵和特点

什么叫纪律？所谓纪律就是为维护集体利益并保证工作进行而要求成员必须遵守的规章、条文。纪律作为一种人们的行为规则，是伴随着人类社会的产生而产生，伴随着人类社会的发展而发展的，因此具有历史性的特点。纪律既然随着人类社会的发展而发展，那么，当人类社会出现阶级以后，纪律就必然打上阶级的烙印。

纪律既然是维持人们一定关系的规则，要求一定集体成员必须执行。那么，它就必然带有强制性。

纪律的三种基本涵义

一般来说，纪律有三种基本涵义：

纪律是指惩罚；

纪律是指通过施加外来约束达到纠正行为目的的手段；

纪律是指对自身行为起作用的内在约束力。

这三层意思概括了纪律的基本内涵，同时也反映出良好纪律的形成过程是一个由外在的强迫纪律逐步过渡到内在自律的过程。

纪律的特点

纪律是在一定社会条件下形成的、一种集体成员必须遵守的规章、条例的总和，是要求人们在集体生活中遵守秩序、执行命令和履行职责的一种行为规则。纪律具有社会性、历史性，阶级性和强制性的特点。

（1）纪律的历史性。纪律作为一种人们的行为规则，是伴随着人类社会的产生而产生，伴随着人类社会的发展而发展的，因此具有历史性的特点。在原始社会里，人们在共同生活中养成集体行动的习惯。他们总是成群结队地寻食打猎，如果没有一定的行为规则，就无法进行协同活动，甚至连抵御野兽的侵袭也不可能。所以纪律就作为人们的习惯因此而产生。随着生产力的发展，特别是随着大工业革命的到来，生产越社会化和现代化，分工越精密，协作越广泛，纪律就越重要、越发展。例如，一个现代化大企业生产的一件产品，就有成千上万个零部件，这就需要许多人相互配合、进行协同作业，也就必须制订一套具有高度科学性的工艺规程和规章制度。由此看出，纪律的演变标志着人类的进步。

（2）纪律的阶级性。纪律既然随着人类社会的发展而发展，那么，当人类社会出现阶级以后，纪律就必然打上阶级的烙印。纪律是统治阶级的权利和意志的体现，各阶级总是按照他们的需要，运用手中的权力，制定出一定的纪律。所以，纪律在阶级社会里具有鲜明的阶级性。

（3）纪律的强制性。纪律既然是维持人们一定关系的规则，要求一定集体成员必须执行。那么，它就必然带有强制性。纪律是以行为的限制、以服从为前提的。无论是象征着统治阶级权力和意志的政治纪律，还是反映社会化大生产规律的各行各业的职业纪律；无论是维护社会正常秩序的规章制度，还是机关团体的各种公约章程，都具有强制性。一定集体的纪律一经制定，每个成员就必须执行，违犯了纪律，就要受到批评或者惩罚。

社会主义纪律是在社会主义条件下形成和发展的，是工人阶级和人民群众的意志和利益的反映。社会主义纪律与一切剥削阶级的纪律有着本质的区别，有着自己独特的特点。社会主义纪律的本质与一切剥削阶级纪律的本质不同。

在剥削制度下，一切剥削阶级为了维护他们的政治统治，获得他们的经济利益，就要强迫被剥削阶级按照他们的意志进行活动，也就必然制定出符合他们的意志和利益的纪律。奴隶主和封建地主用皮鞭和棍棒强迫奴隶和农民进行劳动，服从统治。他们制定的纪律是"棍棒纪律"。资本家用"饥饿"这根无形的绳索套在工人的脖子上，强迫工人不得不出卖自己的劳动力。资本家制订的是"饥饿纪律"。

总之，一切剥削阶级的纪律，是以生产资料私有制为基础的，是维护少数人利益的，是以人与人之间的不平等关系为前提的，是剥削和压迫劳动人民的残酷手段。

在社会主义制度下，劳动人民是国家的主人。社会主义纪律是以生产资料公有制为基础的，是以人与人之间的平等关系为基础的纪律。社会主义纪律是维护最广大人民利益的，是社会主义现代化建设事业的根本保证，是人民群众创造美好人生的根本保证。

社会主义纪律的最主要的特征是自觉性，所以，社会主义纪律也叫做自觉纪律。社会主义纪律的自觉性表现有两方面：其一，社会主义纪律的制定是自愿的。社会主义纪律是工人阶级和人民群众的意志和利益的反映。制定社会主义纪律是为了保障社会主义的国家利益和集体利益，同时也是为了保障人民群众正当的个人利益。社会主义纪律与人民群众利益的一致性，使社会主义纪律的制定是出自人们内心的要求，人们自觉自愿的制定而不是外部力量的强加。正因为如此，社会主义纪律是人民群众自己的纪律，是最有力量的铁的纪律。其二，社会主义纪律的执行是主动的。执行社会主义纪律有利于保障社会主义的国家和集体的利益，也有利于保障人民群众的正当的个人利益。执行社会主义纪律与实现人民群众利益的一致性，使社会主义纪律的执行出自人们内心的要求，人们能够自觉自愿的执行，而不是靠外部力量的强制。正因为如此，社会主义纪律是最有力量的铁的纪律。

有一次，列宁到一个地方开会。走到会场门口，被卫兵挡住了，要检查他的证件。后边走来一个留小胡子的人，向卫兵说："这是列宁同志，快放他进去！"卫兵回答说："我没见过列宁同志。再说，不管是谁，都要检查的，这是纪律。"列宁出示了自己的证件，卫兵一看果然是列宁，马上敬礼说："对不起，列宁同志，请您进会场吧！"列宁握着卫兵的手说："我们每个人都要遵守革命的法规，卫兵同志，你履行了自己的职责，做得很对。"列宁自觉遵守纪律的行为和卫兵一丝不苟的精神，都充分体现了社会主义纪律的高度自觉性。

2. 纪律的特征和意义

列宁在《伟大的创举》中指出："农奴制的社会劳动组织靠棍棒来维持，劳动群众极端愚昧，备受压抑，横遭一小撮地主的掠夺和侮辱。资本主义的社会劳动组织，靠饥饿纪律来维持，在最先进最文明最民主的共和国内，尽管资产阶级文化和资产阶级民主有很大的进步，但绝大多数的劳动群众仍旧是一群愚昧无知的雇佣奴隶或贫苦农民，备受一小撮资本家的掠夺和侮辱。共产主义的社会劳动组织则靠推翻了地主资本家压迫的劳动群众本身自由的自觉的纪律来维持，而且愈往前去就愈靠这种纪律来维持。"

列宁在这段话里区别了三种纪律——棍棒纪律、饥饿纪律、自觉纪律。这也是对不同阶级本质特征的概括。当然剥削阶级仅仅靠棍棒和饥饿也是不能够维持好纪律的，他们有两手政策。另一手是欺骗愚弄，小恩小惠加以安抚的办法，他们的愿望也是企图造就自觉执行其纪律的仆从。因此，他们经常采用收买人心、愚弄群众的办法。

我们是社会主义国家，我们的纪律关系不仅仅是一种领导与被领导之间的垂直关系，它还是一种前后左右之间的平行关系。即使是垂直关系，也并非是一方服从一方的关系。因此，纪律绝不仅仅以服从为内容，它还包括着相互合作、配合，共同承担一定责任等丰富内容。列宁在《进一步，退两步》中引用考茨基说过的这样一段话："无产阶级在他还是孤零零的个体时是没有什么力量的，他的全部力量，他走向进步的全部能力，他的一切希望和愿望，都是从组织中，从他和同志们的有计划的共同活动中汲取来的。当他成为伟大而强有力的机体的一部分时，他就觉得自己是伟大而强有力的了。在他看来，这个机体就是一切，而单独的个体同这个机体比较起来是没有多大作为的。无产者以最大的自我牺牲精神、以无名群众的一分子的资格——毫不计较个人利益，毫不考虑个人荣誉——进行着斗争，他在指定的岗位上都履行自己的职责，自愿地服从那贯穿在他的全部情感和全部思想中的纪律。"这段话很好地说明了无产阶级革命纪律的本质，说明无产阶级革命纪律中服从的本质。这是单独的个体对伟大机体的服从。从这种服从，可以看出我们的纪律是自觉的纪律。

历史上一些反动阶级的一些反动人物对其阶级、集团的纪律也有自觉的成分，但由于顺从的对象不一样，服从的动机、服从的方式也不一样。同无产阶级的自觉纪律是有很大区别的。他们的服从往往带有很大的盲从成分。如法西斯分子对希特勒的盲从，简直达到了奴才对主子的服从。似乎成了服从等于纪律。我们不把纪律简单归结于服从，我们则强调社会责任。纪律实际上是社会责任，这是自觉纪律的重要标志，服从是一种责任关系。我们遵守学校的纪律，那就是对同学、老师的责任关系；遵守公共场所的纪律，那就是履行对在公共场所活动的其他人的责任。责任还是一种对于自身的关系，那就是说人们对自己所做所为负有道德上的责任。人们遵守纪律的行为，就是对自己负责，我们的纪律之所以是自觉的纪律，包括着对责任的自觉认识和自觉履行。

由此看来，纪律性也就是责任感。加强纪律性，也就是增强责任感。自觉的纪律不能就事论事地谈纪律，而要把纪律与责任联系起来，而且不能一般地谈责任，还要把责任与我们整个事业、理想目标联系起来。

在革命战争年代取得国家独主和民族解放的伟大理想，把一代中华民族的优秀儿女团结在中国共产党的旗帜下，正因为他们明确自己肩负的伟大重任，才有"加强纪律性、革命无不胜"的赞誉。党有党章，每个党员都必须遵守；军队有"三大纪律"、"八项注意"，每个军人都要自觉遵守，使革命无往而不胜。今天，把我国建设成为富强、民主、文明的社会主义现代化国家的宏伟目标又将全国人民团结在党的周围，在党的领导下，为实现这一宏伟目标在各自的岗位上自觉履行自己的职责。

总的来说，社会主义国家的纪律作为自觉的纪律，其特征：

第一，这种纪律是建立在共同的革命目标、革命理想和革命利益的基础上的。

第二，这种纪律是人人平等的、相互尊重的纪律。

第三，这种纪律依靠人们的自觉态度去执行，虽然包含着必不可少的强制手段，但主要不是依靠强制手段去执行，在执行纪律的过程中注重说服教育，强调思想政治工作。

第四，这种纪律的目的不是把人当作俯首帖耳的奴仆、机械的工具，而是把人培养成为有思想、有头脑、有主见，自觉遵守纪律的新人。

3. 纪律和自由的辩证关系

自由，是每个人向往和追求的。"在生活中，我要是能像鸟儿那样在天空自由飞翔，那该多好啊！"有些人就是这样想的。但是，实际上他们往往不能随心所欲。譬如说天亮了，闹钟响了，真想再睡会儿，可是不行啊，得强迫自己起床，否则上学或上班要迟到了。急急忙忙出了门，骑车往前赶，路上偏偏老是遇着红灯，不得不一次又一次停下来。诸如此类的事可以说是不少。可见，作为自由的对立面——纪律，又是生活中离不开的。

那么怎样看待自由与纪律呢？

自由与纪律是对立统一的

有的人说："我想干什么，就干什么，这是我的自由，别人管不着。"这种说法对吗？我们不妨按照这种逻辑设想一下：如果一个青年在马路上骑自行车，不管红灯绿灯，不遵守交通规则而"自由"行驶，那么很可能不是撞人，就是被车撞了，轻则受伤，重则死亡。如果一个人在看电影时，自由说话，大声嚷嚷，那么就要吵得大家都看不好，惹人讨厌、受人批评。如果一个人自由地开动机器、不管操作规程，那么不是出废品，影响声誉，就是出事故，危及身心。如果一农民自由地种庄稼，不管节气、土质，不管耕作要求，那么庄稼就长不好，国家、集体、个人都要受损失。这些例子足以说明：把自由看成我想干什么就干什么，想怎么干就怎么干，这是对自由的误解。在我们的社会主义国家里，如果不遵守规章、制度、法令，不遵守纪律，不但得不到自由，反而会到处碰壁，甚至还要受到惩罚。

有的人特别是青年人讨厌纪律，以为纪律是束缚人的。

　　是的，纪律是约束人的，在某种意义上可以说是"束缚"人的。但是，约束人的纪律就一定不好？不能这么说，要看是什么样的纪律。剥削阶级实行的纪律，极不合理，是十分残酷的，是我们所反对的。但是，社会主义社会实行的纪律，是为了维护大多数人的利益，是人民群众为了争取自由幸福的需要，因而是自觉的纪律，是应该充分肯定的。

　　革命的纪律是革命事业胜利的基本条件之一。当人民起来推翻剥削阶级的反动统治的时候，面对的是强大的、凶残的、狡诈的敌人。革命人民如果不用铁的纪律来维护自己的团结，统一自己的行动，那就会是一盘散沙，不会形成强大的战斗力，也不堪敌人一击。巴黎公社失败的原因之一，就是缺乏极严格的纪律。而十月革命的胜利，一个新生的苏维埃国家能够战胜各外来国的武装干涉，原因之一也在纪律严明。我们革命的胜利，更加证明了"加强纪律性，革命无不胜"的真理。

　　在我国工农红军建军初期，红军队伍受旧军阀主义的影响，有少数干部、战士随便拿老百姓的东西，虐待俘虏、打骂战士。国民党反动派就利用我们这些同志的错误，造谣污蔑、欺骗群众，挑拨军民关系，使我军遭受到不应有的损失。1928 年春，毛泽东同志敏锐地看到这个问题的严重性，及时地为工农红军规定了"行动听指挥"、"不拿工人农民一点东西"、"打土豪要归公"这三项纪律，同年夏天，又提出"买卖公平"、"说话和气"、"损坏东西要赔"等六项注意。1929 年以后，毛泽东同志把它修改成为三大纪律八项注意。红军坚决实行三大纪律八项注意，就密切了军民关系、军政关系、官兵关系，成为一支坚决执行党的政治路线的、深爱广大群众拥护的、战无不胜的人民军队。

　　在社会主义现代化建设中，自觉遵守纪律，同样十分重要。搞现代化建设，首先要有一个稳定的环境。如果没有纪律，人们各得其所，那势必会破坏正常的社会秩序、生产秩序、工作秩序、学习秩序，使我们的社会处于动荡不安之中。

社会主义现代化建设的快速发展，把我们带进了广阔的自由天地。你看，打开煤气开关、划根火柴，就可以点火做饭；坐上飞机，二三个钟头，就可以从北京到广州；开动车床，产品像流水似的哗哗往外流……可是，如果不遵守规章制度、操作要求，煤气要熏死人，飞机要摔死人，车床要轧死人。这说明现代化对人们提出了更高更多的纪律要求。现代化事业越往前发展，越要加强纪律性，这是事物发展的客观规律。之所以如此，在于社会主义现代化建设事业使社会的各部门之间，一个部门的各个部分之间，一个工厂的各个车间之间，一个车间的各个工序之间，都处于一环套一环的紧密联系之中。不论哪一环出了毛病，都会或轻或重地影响整个链条。例如，前几年某地区电网的变电站出了大事故，使这一地区一时陷于一片混乱。医院停电了，手术室的灯光突然灭了，手术不得不中断；大厦停电了，电梯停在中间，人们上不去，下不来；钢厂停电，炉火降温了，钢水倒不出来。如此等等，造成了多大的损失啊！可是，起因仅仅是变电站里一个青年工人违反操作规程所致。

从这里可以看出，没有一定的秩序，一定的纪律，任何人的自由都得不到保障，自由与纪律的一致，实质上也就是权利与义务的一致。马克思说得好，没有无义务的权利，也没有无权利的义务。一个享受自由权利的公民，必须是一个对社会、对别人负责的公民。这也就是说，我们热爱自由并且是获得自由的人民，要自觉地遵守党的政策、所在单位的规章制度、组织领导的命令指示、公共场所的规则要求以及其他一切的社会纪律。共产党员、共青团员还要自觉遵守党章团章的各项规定。

纪律转化为自由，自由意味着纪律

关于自由与纪律的关系，毛泽东同志在《关于正确处理人民内部矛盾的问题》中，有过深刻的表述："在人民内部，民主是对集中而言，自由是对纪律而言的。这些都是一个统一体的两个矛盾的侧面，它们是矛盾的，又是统一的，我们不应当片面地强调某一个侧面而否定另一个侧面，有民主，也不可以没集中。这种民主和集中的统一，自由和纪律的统一，就是我们的民主集中制。在这个制度下，人民享有广泛的民主自由；同时又必须用社会主义的纪律来约束自己。"

自由和纪律是一个统一体的两个矛盾着的侧面，它们是矛盾的，又是统一的。怎样把它们统一起来？这是一门艺术。从纪律的角度看：一是纪律可以转化为自由。纪律确实意味着对某些行为的限制、约束，从这一点，也可以说意味着某些不"自由"。对这一点，我们不必讳言。然而，它又反过来给人们带来自由。我们不能只看到纪律是对自由的限制、约束，还要看到它归根到底是对自由的保护、扩大。比如篮球比赛吧，你别看裁判员动不动吹哨子，判犯规、判罚球，对运动员的自由似乎是很大的束缚。但是，这一切带来了竞赛双方不受犯规损害的自由。二是纪律也意味着自由。前苏联教育家马卡连柯说："纪律是自由。"乍一听，似乎不太好理解，纪律怎么就是自由呢？这就是说纪律本身也意味着自由，包含着自由。比如有一个学生因受不了学校的严格纪律和繁重的学习任务，逃学后和社会上的不三不四的一伙青年交上了"朋友"。起初他还觉得在他们中间混挺自由开心的。但后来他才慢慢感到这群人恃强欺弱，勾心斗角的事经常发生。他成天提心吊胆，感到很不自由，他开始想到了学校，想到了老师的关心、教育和同学之间的团结友爱、互帮互学，对自己的出走产生后悔，最后终于鼓足勇气返回了学校。

只要自由、不要纪律，是不对的；只要纪律、不要自由，也是不对的。纪律与自由，毕竟是两个概念，不是一个概念，我们不否定在集体生活、社会生活中，还需要个人的自由，在不违背宪法和纪律的前提下，我们个人应该享有充分的自由权利。个人完全有权利按照自己的意愿安排生活，发展自己的兴趣爱好，在集体生活和社会生活中发挥自己的积极作用，发挥自己的创造性、主动性。我们既反对只要自由、不要纪律的自由主义；又要反对只要纪律不要自由的倾向。

个人自由和集体自由

有很多人，一讲到自由，就想到个人的自由。他们很少想到，在个人之外，还有他人、还有集体，还有他人、集体的自由问题。他们也很少想到，个人自由与集体自由的关系。

任何人都生活在一定的集体之中，离不开集体。因此，我们不能只考虑个人自由，不考虑集体自由。在我们的社会里，集体离不开共同的纪律，共同的纪律是取得集体自由的重要条件。马卡连柯说："纪律是集体的面貌、集体的声音、集体的美妙、集体的行动、集体的姿态和集体的信念。集体中的一切归总起来，都摆脱不了纪律的形式。"没有严格的纪律，也就没有统一的、有战斗力的集体。在集体中，纪律固然对每一个人是一种约束，但在同时，却给大家带来了集体的自由，大家在一块活动是非常高兴自由的事，但也要遵守纪律。如集体活动中遵守共同的时间这一纪律来说，是任何正常的集体活动不可缺少的。有一个班级星期日去游山，出发前老师再三叮嘱，到山上大家可以自由活动，但一定得按规定的时间集合。可有三四个同学，玩得尽兴，忘了纪律，没有按时归队，急得大家又是等又是找，耽误了整整一个小时的时间。

这个例子中的那些同学虽然玩得尽兴，个人自由则是自由了点儿，可是集体却被剥夺了一个小时的自由。所以集体活动一定要守纪律，不能因个人影响了大家。

个人自由一定要和集体自由结合起来。影响了整个集体的自由，也就影响了集体中其他人的个人自由，归根到底，于个人也是不利的。因此，我们要在集体活动中，正确处理个人和集体的关系，要自觉承担自己对集体所负有的义务和责任。在集体生活中，集体自由是个人自由的前提。这正如马克思所说的："只有在集体中，个人才能获得全面的发展其才能的手段，也就是说，只有在集体中才可能有个人自由。"

在集体生活中，我们要看到这种集体自由和个人自由的一致性。但是，在具体场合，两者之间难免发生矛盾。这是不是就要为集体自由牺牲一定的个人自由呢？是的，必要的牺牲是不可避免的。但这个牺牲不是个人自由的全部，而只是与集体自由不相符合的部分。我们也反对只强调纪律、只强调集体的自由，而否定个人自由。在共同纪律前提下，个人有权发挥主观的创造性、积极性，选择个人的生活爱好，发展自己的业余兴趣。

4. 课堂教学和纪律管理的关系

用好课吸引学生

好的课文能够吸引学生的注意力，使学生在乐中学。马卡连柯说过："假如你的工作、学问和成绩都非常出色，那你尽管放心：他们全会站在你这一边，决不会背弃你。相反地，不论你是多么亲切，你的话说得多么动听，态度多么和蔼，不论你在日常生活中和休息的时候是多么可爱，但是假如你的工作总是一事无成，总是失败，假如处处都可以看出你不通业务，假如你做出来的成绩都是废品和

'一场空'，那么除了蔑视之外，你永远不配得到什么。"有这样一个故事：

一位哲学家的一批弟子就要毕业，哲学家将学生带到一块荒芜的田地中，告诉大家，将在这块荒地完成最后一课。

哲学家提出的问题是："怎样除去这块地上的杂草？"

弟子们各抒己见：

"可以用手拔取这些草。"

"可以使用除草剂。"

"我用火烧的方法。"

"可以通过向土里加石灰的办法，使草失去生长的土壤条件。"

……

哲学家说："大家回去按自己的办法除去地里的杂草，一年以后，都到这儿来，说说效果，这就是我的作业，再见。"

一年后，弟子们陆续从各地来到这块土地上，一年前荒芜的土地已经长满了绿油油的庄稼。可是，老师始终没有来，弟子们开始猜测"从不迟到的老师为什么没有来？"大家结合一年前老师提出的问题，再看看这绿油油的庄稼，弟子们明白了：除去杂草的最好办法是什么，用绿油油的庄稼占领；怎样除去心中的邪念，用美德占领……

将这个故事用来思考课堂纪律管理，怎样使学生遵守课堂纪律？让有趣、有用、有价值的课堂教学活动占领学生在教室里的时间。

有一位在小学低段任教的老师布置了一个作业，学生认真地埋头练习。完成作业有快有慢，先完成的同学做完以后就举起了手向老师报告。老师很高兴，开始清点："5个、6个同学做好了……"这时我注意到身边的两位同学明明没有做好，也连忙举起了手，成了老师口中的第9个、第10个。

另外一位老师也教低段，提出一个问题后，一些小手举了起来。老师说："我多么希望看见一片森林。"其余没有举手的"小草"立刻高高地举起了手，加入"树木"的行列，课堂上出现了小手的"森林"。课后我连同上面的课例与这位老师讨论了两个问题：第一个问题是，举手的学生是否真正懂了？关于"森林"的暗示和要求可能带来什么？第二个是学生在课堂上有没有权利不举手？

我个人以为，从尊重人的权利出发，学生是有权利选择不举手的。

将"是否有权利不举手"的问题拓展到上课，我们可以想一想：学生是否有权利拒绝听老师的课？想一想这个答案，我们可能出一身冷汗。当学生行使自己不听课、或者不听你的课的权利时，都不举手时，我们该怎么办？

所以，维持好的课堂纪律从根本上讲是提高老师的教学水平，是增强课堂的吸引力。也就是说，课堂管理的工夫要下在"管"外。当然，从发展趋势看，老师一呼百应、说一不二的时代应该过去，事实上这个时代正在慢慢地而且必将过去，我们挽不住也不能挽这必然逝去的夕阳。

纪律管理注意事项

（1）避免人为的添乱。有些课堂上的乱是我们的老师在教学设计和教学活动中考虑不周到而带来的，教师自己添了乱。比如在一节数学课上，老师将学生分成几个组，每组派一位同学代表小组上台竞赛。本来老师希望学生振奋精神，关注竞赛内容，但提出的要求却是："为本组学生加油"，小学生立即来了劲："某某某，加油！""某某某，加油！"再控制纪律就比较难了，教学陷入了长时间停顿。

（2）树立遵守纪律的榜样。有了榜样，学生就有了模仿的对象，行为方式的改善就有了具体的标准。很多老师不仅注意树立榜样，而且注意让学生熟悉自己的体态语，老师的体态语指引着学生的行动。

（3）让学生分享老师的情感。比如老师说："某某同学刚才的行为影响了其他同学学习，老师很不满意。""某某同学这样做，老师很为他高兴。"课堂是师生之间情感交流的场所，教师把自己真实的情感体验与学生分享，不仅有利于纪律管理，而且可以使学生学会分享别人情感，尊重别人情感，正确地表达自己的情感。

（4）走到学生的身边去。相对而言，教室后面的学生更容易出现纪律问题，究其原因，教师与他们空间距离大了，心理距离也大了，而教师的影响力却小了。特别是多媒体进入课堂以后，一些教师把鼠标当成了羁绊与学生交流的绳索，更难走下讲台。因此，加强课堂纪律管理的其中一条建议就是：教师要走到学生身边去，相对近距离地对学生施加影响。

（5）使学生产生纪律需求。一般来说，中小学生参与教学活动，除了内部动机外，表扬、奖励等外在因素也是影响学生行为的重要原因，了解和利用学生的外在需求，并使学生产生纪律需求是进行纪律管理的有效手段，如：

"这么多同学举手，老师现在要请一个刚才认真听其他同学发言的小朋友回答。"

"你刚才的发言很精彩，老师想把小红花奖励给你，可是小红花不愿意，它告诉我，它不喜欢不守纪律的孩子。"

"谁更遵守纪律，我就请谁来回答问题。"……

值得注意的是，管理纪律的课堂评价用语一定要针对学生的行为，不能针对学生的人格侮辱学生。一般而言，如果学生的行为有利于学习，是你期望的，你就给予肯定，而且必须明确那一类行为是你肯定的；相反，如果学生的行为是不利于学习，不是你期望的，就应该给予批评，但批评也一定要指向具体的行为。

（6）注意纪律要求的变化。比如对新入学的一年级学生"你这样做很乖"可能巩固某些行为，但三年级，就需要从"我希望你怎么"到"你应该怎么"转变，从"你乖"到"你懂得规则"的转变，有利于将学生的行为表现从谋求老师的赞赏转化到认可和接受纪律的要求。

5. 课堂纪律是有效教学的重要途径

有效教学的理念

有效教学的理念源于 20 世纪上半叶西方的教学科学化运动，在美国实用主义哲学和行为主义心理学影响的教学效能核定运动后，引起了世界各国教育学者的关注。20 世纪以前在西方教育理论中占主导地位的教学观是"教学是艺术"。

但随着 20 世纪以来科学思潮的影响，以及心理学特别是行为科学的发展，人们意识到，教学也是科学。即教学不仅有科学的基础，而且还可以用科学的方法来研究。

于是，人们开始关注教学的哲学、心理学、社会学的理论基础，以及如何用观察、实验等科学的方法来研究教学问题。有效教学就是在这一背景下提出来的。

有效教学的核心就是教学的效益，即什么样的教学是有效的？是高效、低效还是无效？几年来，新课程的理念已被我们广大教师所认同，并开始外显于课堂教学之中。但由于对教材的解读能力不强，不少数学课偏离了教学目标；由于一味地追求课堂的活跃和数学教学的生活化，不少数学课失去了应有的"数学味"；由于不加分析地过多地采用自主、合作、探究的学习方式，不少数学课在有限的课堂教学时间内完不成预设的教学任务……

教学作为一种有明确目的性的认知活动，其有效性是我们广大教师所共同追求的。有效教学是教师在达成教学目标和满足学生发展需要方面都很成功的教学行为，是教学的社会价值和个体价值的双重表现。无论课改到哪里，有效的数学教学是我们教师永恒的追求。

怎样在小学数学课堂上达成有效教学，是目前课改热点问题之一。然而，笔者认为，不管是何种教学，维持课堂纪律是提高教学效益的最基本途径。

随着时代的发展，学生的个性也在发生着明显的改变，维持课堂纪律对于很多教师来说已经是一个棘手的问题。个性张扬，自以为是，听不进劝告的学生越来越多，这个情况直接影响了如今课堂的纪律：当课堂上有学生发言时，往往许多学生不听，在座位上窃窃私语。而让他们回答问题的时候，却哑口无言或答非所问。这样的教学何谈有效？笔者通过多年的教学实践，总结了一些课堂纪律管理策略。

巧妙地运用聚焦

在你开始上课之前，一定把教室里所有人的注意力都集中在你的身上，如果有人在私下聊天，你不要开始讲课。

没有经验的教师或许会认为，只要开始上课了，学生自然就会安静下来，以为学生会看到课堂已经开始，该进入学习状态了。有时这会起作用，但学生并不一定总会这么想，他们会认为你能接受他们的行为，不在意你讲课时有人说话。

聚焦这个技能意味着，你应该在开始上课之前要求学生集中注意力，即只要还有人没安静下来，你就一直等下去。有经验的教师的做法是，在所有学生都完全安静下来之后，再停顿三五秒钟，然后才开始用低于平时的音调讲课。

多年的教学实践使我发现，讲课语气温和的教师，通常比嗓门大的教师课堂更加安静。因为学生会为了听到他的声音而保持安静。

处理违纪行为要及时

当学生在学习过程中出现违纪行为时，教师应该迅速判断学生是有意还是无意的破坏课堂纪律，并作出反应及时处理。一般来讲，如果一个学生只是在课堂上表现得比较消极、散漫，教师不必立即公开处理，可采用沉默、皱眉、眼神提醒等方法。如果一个学生的违纪行为已明显干扰整个教学过程，教师就应该立即处理，并按情况采取提示、暗示、制止，甚至惩罚的方法。如果学生为了吸引教师的注意，比如接话、出怪声等，教师可以暂时不予理睬的方法，课下再给予处理。有经验的教师一般都知道，如果让那些出现了行为问题的学生成为教室里的注意焦点，他们反而会获得成就感，进而得寸进尺。因此，教学过程中，教师不仅要做知识的传递者，还要密切监控学生的行为表现，对问题的发生要有一定的预见性。然后要以不太引起别人注意的方式处理学生的行为问题，避免其他学生受到干扰，尽量不要中断教学的正常进行，尤其是不要频繁地中断教学来处理违纪行为。

不间断地实时监控

实施这一条的关键是教师在教室里四处走动。当学生在做作业时，在教室里巡回走动，检查他们做的情况。

有经验的教师会在学生开始做作业两分钟后对教室进行巡视，看是不是所有学生都开始做了，都在做该做的事情。延迟两分钟是很重要的，因为学生已经做出了一两道题，或写完了几个句子，这样你就可以检查是否正确。对于需要帮助的学生，教师应提供个性化的辅导。

那些还没怎么开始做的学生会因为老师走到跟前而加快速度，而开小差的学生也会被其他同学提醒。除非教师发现了共性的问题，否则，教师不要打断全体学生，不要进行集体指导。

创设合理的课堂结构

课堂中的纪律状况往往与教师给学生的形象、威信及处理问题的方式等密切相关。别看小学生年龄小，可"心眼"还挺大，为了维持纪律和进行课堂管理，教师要不断提高自己在各个方面的素养水平，热爱本职工作，对工作充满信心，情绪饱满地投入教学，热爱学生，与学生建立融洽的师生关系，并注意有时应站在学生的角度看待问题，营造和谐的课堂气氛。首先，教师要精心设计教学结构，这是管理课堂纪律的一种有效方法。教师要花大力气认真细致地进行教学设计，有条不紊地进行教学，情绪稳定，安全感强，教师要用学生喜欢的方法，教学艺术性和愉快的情绪，良好的心理状态去感染学生，减少学生的背离性，避免课堂秩序的混乱。课堂教学结构的设计既要以学生的需要、兴趣为前提，也要考虑教学内容的性质。不能为了纪律好，而脱离教材的内容去讲一些笑话之类的东西。课堂常规也是课堂情境结构之一，因为必要的课堂常规可以起到安定情绪的作用，学生容易把注意力集中到当前的听讲的学习活动上。教师还应该用富有吸引力的语言和神情吸引学生，激发学生的学习兴趣，运用合理丰富多彩的教学方法，吸引学生的注意力，让学生尽可能地参与到课堂中来。

总之，良好的课堂纪律是顺利进行课堂教学活动的保证。通过课堂纪律管理，可以培养学生自觉遵守纪律的好习惯，创设一个最佳的教学环境，从而提高课堂教学效率。

6. 学校应加强学生的纪律教育

我们要把孩子培养成为"有理想、有道德、有文化、有纪律"的"四有"接班人，就要着力营造良好的校风和学风，而良好的校风和学风，需要严明的规章制度和纪律来保障。

如果学生的纪律涣散，就会影响学校的校风和学风，影响学生的学习。因此，我们要从保护未成年人健康成长的高度出发，重视学生纪律教育，力促学生人人遵纪守法。

虽然在各级的高度重视下，各学校已致力营造出规范、有序的教学秩序，促使良好的校风和学风形成。但是，由于受各种因素的影响，一些学校也出现了一些纪律涣散的苗头。例如一些孩子受到血腥、暴力影视剧和网络游戏的负面影响，产生畸形心理，把不受纪律约束看成是"有血性"的"英雄"行为，我行我素，放荡不羁；有些孩子由于父母过分宠爱，一切都顺从孩子，造成孩子娇生惯养，自由散漫成性；有些父母则因外出打工或忙于经商做生意，很少跟孩子在一起，管教好自己的孩子，因而造成孩子的纪律意识淡薄；加上一些年幼的学生存在着自身的缺陷，对于什么是学校纪律，还不那么清楚，稍有不慎，就会出现违纪的行为等，以致有些学生无心向学，经常迟到、早退、旷课，沉迷于网吧或者是武侠小说、武侠影视剧；有些学生则学习不认真，上课不留心听讲，随便说话，做小动作或看课外书、打瞌睡、吃东西、玩手机；有个别学生甚至出言不逊，动辄打人骂人，跟社会的小青年打混在一起……这就要求学校的老师和学生的家长对此要有足够的认识，要用心发现问题，及时进行正确的疏导教育，用纪律来约束和规范他们的行为。

我们还应该清楚看到，学生的违纪行为发展到一定的程度，还有可能要诱发违法犯罪行为。这就要求纪律教育要与法制教育、道德教育、日常行为规范紧密结合起来，教育学生遵纪守法，自觉遵守学校各项规章制度和学生守则及学生日常行为规范。

通过一系列的教育活动，使学生进一步认清不遵守纪律的危害性，懂得不受纪律约束、不遵守纪律，便会使自己的行为不符合道德规范和学生日常行为规范，发展下去还有可能要诱发违法犯罪行为的发生；学会分清是非，分清遵守纪律与不遵守纪律，道德与不道德的界限，自觉地抵制违纪行为和不良倾向，排除一切不遵守纪律的因素，做遵纪守法的小公民，千方百计堵塞青少年违法犯罪的漏洞，确保未成年人健康苗壮成长。

强化学生的纪律教育，还是确保学生安全不出事故的重要举措。学生的安全问题，往往是由于管理上的疏忽和学生不遵守纪律才导致的，比如互相追逐、攀登楼房的阳台走栏、翻越围墙等，这些都是不遵守学校纪律的表现，都有可能引发安全事故的发生。

因此，要把纪律教育同安全教育有机结合起来，进一步建立健全各项规章制度，强化学校管理和班级管理，落实各项防范措施，力促学校秩序井然有序，学生人人遵守学校纪律，做到不互相追逐、不攀登阳台走栏、不翻越围墙，上学和放学回家不到溪河、池塘边玩耍，自觉远离危险地带，确保安全不出事故。

7. 课堂纪律的理论性指导

课堂纪律是课堂上必须遵守的规则，是教学活动得以顺利进行的保证。的确，进行课堂教学没有一定的纪律是不行的。试想，如果在课堂上谁想起来就起来，想走就走，岂不乱了方寸。

　　值得我们反思的是，怎样看待课堂纪律？什么样的课堂纪律是好的，什么样的是不好的。有一位教师曾经形象地比喻某班级课堂纪律好："我上课时，掉一根针都能听见。"此言虽然有些夸张，却足以证明其课堂上相当安静，如果教师不讲课，就没有别的声音了。

　　课堂上安静就是纪律好么，学生们都在做什么了？教学的本质是交流，是师生之间相互地沟通与对话，是思维的激活、碰撞与交锋。因此，评价课堂纪律，用是否"安静"作为标准是显然不行的。可是，我们确实这样评价过课堂纪律。以至于时到今天，我们仍然能看到用"安静"作为指标评价课堂教学的迹象。

　　一些学校的领导要一圈一圈地巡视、查看课堂纪律；值班学生干部要一圈一圈地为各个班级的纪律打分；教师下课时也要为任教班级的纪律打个等第。这种对课堂纪律的关注，师生们是不能小视的。学校在"评先评优"的时候，要考虑教师能不能维持安静的课堂纪律，校长在评价教学秩序的时候，一定不会忘记评讲课堂纪律。

　　课堂纪律对学生的约束力就更大了，在学生成绩单的操行评语中，教师用的最多的一个词是"努力学习"，接下来的就是"遵守纪律"。如果哪个学生在课堂上的表现不尽人意，其检讨书上的词语就是"交头接耳"，"做小动作"，违反了课堂纪律。我们不曾认真地注意到：课堂纪律竟被简单地泛化到了如此地步！

　　据说，一位学校领导在检查课堂纪律的时候，听到了一个教室里哄堂大笑，这个任课教师就受到了批评，当教师说明原因并进行争辩时，领导扔下一句话："那也不能笑这么大声"，就走了。

　　教学是一种活动，是一种教师与学生之间的交流，合作，探究的活动。在这种活动中，就不能大声笑么？师生们的哄堂大笑恰好证明他们进入了教学活动的角色，这样的课堂也要绳之以"纪"吗？那么，如果师生在教学活动中动情地哭了呢，是不是又要"严肃处

23

理"了；要是为了争辩，吵了起来，又怎么办？新课程注重了对学生情感、态度、价值观的培养，这是新课程之所以新的又一个标志。师生真情地投入到教学活动中，无论是笑，亦或是哭，甚至是吵，都不得用纪律机械地取缔。相反，教育者要在活跃的课堂气氛中，促进学生个性的张扬。

那么，究竟应该怎样看待课堂纪律呢？那就要看教师在课堂上能否促进学生的发展；那就要看学生是否在进行自主、合作、探究地学习；那就要看教师和学生在课堂上的投入程度。

8. 学生遵守纪律的重要性

纪律是一种规则，是指要求人们遵守已确定了的秩序、执行命令和履行自己职责的一种行为规范，是用来约束人们行为的规章、制度和守则的总称。任何一个社会、一个国家、一个政党、一个军队都有维护自己利益的纪律，古今中外，概莫能外。

一个工厂如果没有劳动纪律，工人们各行其是，这个工厂就会乱乱糟糟，生产就会陷于瘫痪。一个城市如果没有交通纪律，居民们在街上随心所欲，你骑自行车乱闯红灯，我驾汽车横冲直撞，他步行随意穿越马路，那么这个城市的交通状况必然是一片混乱，交通事故带来的不幸就会降临在许多人的头上。

青年人都向往自由，而纪律又是以约束和服从为前提的，因此有些青年人便产生了误解，认为遵守纪律和个人自由是对立的，要遵守纪律就没有个人自由，要个人自由就不该有纪律的约束。纪律和自由，从表面上看，二者好像是不相容的，实际上却是分不开的。遵守纪律，才能使人们获得真正的自由；不遵守纪律，人们就会失去真正的自由。

凡是纪律，都具有必须服从的约束力。任何无视或违反纪律的行为，都要根据性质和情节受到程度不同的批评教育甚至处分，就是说，纪律是严肃的，它带有一定的强制性。同时，纪律又需自觉遵守。只有自觉纪律才是铁的纪律。这是因为，纪律同法律、道德虽然同属行为规范，但它们的作用范围不同，纪律介乎于法律和道德之间。

纪律与道德的不同之处，在于纪律具有强制性的要求，但这种强制性又比法律弱些，而自觉性的要求则比法律强些。所以，遵守纪律还需建立在自觉的基础上。

纪律属于道德的范畴。一个人如果不遵守纪律或无视纪律的约束，那就是没有道德。一个人的纪律性如何，能够直接反映出他们的思想道德水平。唯有思想道德高尚，对纪律的重要性具有深刻的理解，且具有执行纪律、维护纪律的高度自觉性、坚韧性和坚强的意志品质，才能经得住纪律的考验，甚至视纪律比自己的生命还珍贵。

事实表明，具有高尚道德情操和高度文化素养的人，有着高度自觉的纪律性；而道德品质低下、没有文化素养的人，往往是一个不能自觉遵守纪律的人。遵守纪律，就需要加强自己的道德修养和文化修养，从思想上认识到遵守纪律的重要性，增强自己对社会的义务感。同时，要自觉地遵守纪律，不论大事小事，凡是纪律要求做到的，就坚决去做；凡是纪律所禁止的，就坚决不做；在没有人监督和别人不知道的情况下，同样遵守纪律，养成遵守纪律的习惯，使遵守纪律成为我们的自觉行动。

学校的基本纪律规范是为了维持学校正常的教学工作和生活秩序，使学校的教育管理工作规范化、秩序化，同时也为了给广大学生创造一个良好的成才环境，培养学生良好的行为习惯，促进德智体诸方面发展而制定的，这是每一个学生必须了解和必须遵守的行为准则。

学生的主要任务是学习，在校期间必须要按时参加教学计划规定和学校统一安排组织的一切教学活动。注意课堂礼仪，遵守课堂纪律，认真听课，不迟到、不早退、不旷课；尊敬师长，勤奋学习，认真参加每一项活动。

校园是学校学生学习、生活及活动的重要场所。为维护校园的正常秩序，创造整洁、优美、安静、安全的学习、生活环境，学校制定了相应的规章、制度、条例等管理办法，这是对学生的生活、行为的纪律规范。学生必须严格遵守校内的公共秩序，爱护公共财物，讲究文明礼貌，注意公共卫生，不做违法违纪的事，树立良好的道德风尚。

以上这些行为准则，可以说是学生的学业道德规范，它涉及到生活的各个方面，对学生的行为起着导向调节作用。但是，这种作用只有通过学生的行为自律才能得以发挥。

因此，我们应该认真学习掌握这些道德规范，把它内化为自己的道德需求，转化为自己的自觉行动，这是学生行为自律的深刻含义之一。

9. 学生应遵守的学校纪律

学校中纪律的内容是比较多的，有课堂纪律、作业纪律、考试纪律、食堂纪律等等。下面分别谈一下这些纪律。

课堂纪律

（1）课堂纪律的定义。课堂纪律是指为了维持正常的教学秩序，协调学生行为，保证课堂目标的实现制定的要求学生共同遵守的课堂行为规范。就个体而言，课堂纪律是对学生行为所施加的外部准则与控制。当他们逐渐被学生接受或内化时，就可以称之为纪律，学生能自觉地自我指导和自我监督。

大家都知道，课堂是教师向学生传授知识的主要地方，也是学生学习的主要场所。课堂纪律的好坏影响到学习的效果、影响到教学质量。因此，必须要严格遵守课堂纪律。

遵守课堂纪律，必须要做到：上课前要做好准备工作，拿出教科书、练习本（或笔记本）、文具盒摆放到课桌上面一定的位置。老师讲课时要集中精力，专心听讲，不交头接耳，不左顾右盼。注意力要跟着老师讲课的内容和思路而动，并大胆回答老师随时所提的问题。自己有疑问时，要先举手，在老师允许的情况下大胆地提出来。上课时万一迟到了，进教室必须喊"报告"，等老师允许，方能走进教室，不能急急忙忙直接推门进去。否则，不但会打断老师讲课的思路、同学们听课的思路，而且也显得很不礼貌。自习课上更要保持安静，与同学商量问题要小声，以免影响别人学习，做到老师在与不在一个样。千万别谈论与学习无关的话题，那样的话会浪费你宝贵的时间，同时也会影响别人学习，对形成良好的学风极为不利。

（2）课堂纪律的意义。遵守课堂纪律首先能保证课堂教学的正常进行；其次能培养学生良好的个性品质；再次是能促进学生的社会化。

（3）课堂纪律的制定。课堂纪律的形成和制定，应遵循以下原则：一是民主性和平等性原则；二是人性化原则；三是简约条文和习惯相结合原则。

（4）如何提高课堂纪律。要想提高课堂纪律首先要以爱感化，以情动人；其次要培养学生尊重他人的习惯和意识；再次要灵活处理回答；最后是应该树立教师的威信。

作业纪律

做作业是为了巩固老师所讲的内容，同时为了检查一下学习的效果，通过作业就可知道自己还有哪些没有搞懂，好让老师再进行辅导，以便彻底掌握。

遵守作业纪律，要做到：独立完成作业，书写要工整，按时完成并交给学习班委。有错题，必须在做新作业之前更正；有不懂的，可以问同学，同学之间互相商量，也可以问老师，切忌抄袭别人的作业。抄袭别人的作业危害很大，抄了后自己仍然不懂，但老师认为你已懂了，造成错觉后有可能不再进行辅导。长期下去，就造成一种越抄越不懂、越不懂越抄的恶性循环，会使自己的成绩越来越差。同时抄作业也会使自己养成一种懒惰的习惯，不论对学习、还是生活都极为不利。

另外，遵守作业纪律，还要做到：作业本保持干净、整洁，不要在封皮和背面乱画，或随便撕作业本的纸张。

（1）作业制度。不得抄袭他人作业；按规定的时间交作业；每个同学语文家庭作业要求早上进教室后马上上交，课代表在早自修下课时把作业交到办公室。作业没有做好的同学也要求将作业本在规定时间上交，要求说明未做好理由和到办公室来补做时间，课代表做好登记工作。所交作业不得少于老师布置的作业量。（作业本中）违反上述3条作业纪律的学生，或补写，或加倍写。屡教不改的通知其监护人，并在期末的操行评定时写明其作业不完成的情况。

（2）作业要求。错误订正。作业本中要求错误的地方继续留着，在旁边写上"订正"，并写上正确答案。作文：分为小作文和大作文。小作文基本上每周一到两篇，具体要求具体定。大作文不得少于500字。老师会不定期地选择大小作文中的优秀作品，在班级里公开展示，并择其中编入两班博客发表。要求每个学生每周有两页左右优美文字摘录，每月抽查一次。

要求每一同学贡献一句佳句写在班级的黑板一角，一天一个同学（按学号下去），一句佳句与大家分享。上课前由轮到的同学写在黑板一角，上课后一分钟时间由该同学上讲台介绍这句佳句。

听写本。听写词语注意标号，折两折，一行写四个。词语听写与解释听写要分行，解释一个一行。有错误的先订正，订正完之后错误的词语抄十遍，错误的解释抄五遍。

考试纪律

考试的目的就是检查学生一单元或一学期的学习情况，让老师清楚学生哪些知识掌握了，哪些知识还没有掌握，以便有针对性地进行辅导，弥补学生知识的不足，同时总结经验，为以后教学服务。对学生来说，也同样是为了检查自己的学习情况，以便有针对性地进行复习巩固，弥补知识的缺欠。

考试纪律就是要求学生正确对待考试，明确考试的真正意义，不能有作弊行为。有些同学一听说考试，就感到紧张，没能考出自己的真实成绩；而有些同学，想尽办法作弊，尽管分数考得高一些，但这是毫无意义的，相反对自己是有害的。这样做一方面掩盖了自己学习中的不足，找不出差距；另一方面也使有些同学在虚假的成绩面前沾沾自喜，产生骄傲情绪，长期下去会荒废了自己的学业，于自己于社会都是有害的。所以正确认识考试的意义，反对考试中的作弊行为，遵守考试纪律是非常重要的。

食堂纪律

学校食堂是师生进餐的地方，食堂就餐也要遵守纪律，讲究文明礼貌。

食堂纪律要做到：按规定的时间去食堂就餐，不宜过早或过晚。

打饭时要排队，互相谦让。在食堂，不能高声喧哗、吵闹，对食堂管理或服务员有意见可向主管后勤的工作人员反映，也可以向老师反映，通过老师转达意见，以便及时改进工作。切忌对食堂服务员横加指责，甚至粗暴无礼、吵架闹事。

要节约粮食、爱惜饭菜，不能乱扔馒头、乱倒饭菜，吃剩的馒头、饭菜要倒入指定的剩菜缸中。洗碗时要节约用水，洗完后要及时关好水龙头。

学校其他一些纪律

学校是同学们学知识、学做人，健康成长的地方，有一系列的规章制度要求同学们遵守，这些规章制度也就是学校的最基本的纪律。这些纪律主要内容有：按时到校，不迟到、不早退、不旷课，有事有病要请假；要团结同学，和同学友好相处，不打架、不骂人，不干对别人有害的事；不吸烟、不喝酒，不要赌博；爱护公共财物，损坏了要自觉赔偿；未经允许，不随便拿别人的东西，借别人的东西要按时归还；要爱护学校的花草树木，不攀折树枝、践踏花草、积极参与美化学校环境；讲究环境卫生，不乱扔果皮纸屑、保持环境卫生整洁；不用粉笔或其他东西在墙壁上乱涂乱画。

组织纪律

我们每个人都生活在一定的组织里，我们国家里的各个组织和它们的领导者共产党，都实行民主集中制。这种民主集中制规定了我们的组织纪律性。拿我们党来说，有这样四条基本原则：个人服从组织；少数服从多数；下级服从上级；全党服从中央。这些原则精神也是适用于我们个人与各个组织之间的关系的。下面，简要地谈谈这四条。先说个人服从组织。我们知道，一根线一扯就断，几十根线拧在一起成一股绳可捆住猛兽；一条小河很容易干涸，许多条小河汇成大江可以永远奔腾不息。同样的道理，单枪匹马干不成革命，建设社会主义现代化的伟大事业更需要把亿万人民组织起来。旧中国，我们中国被视为一盘散沙，屡遭外强的侵略和蹂躏。现在，我们中国人民充分地组织起来了，这是一件大好事。

有了组织，便可以集中群众的智慧，通力协作；便可以发挥大家的才能，各得其所。我们的党和党领导的各种组织，都是为了人民利益而工作。我们革命组织，所要做的事情和我们个人的利益，从根本上说是一致的。但是，个人和组织有时也会出现矛盾，发生冲突。大体上有这样两种情况：

一种是组织上的决定是正确的，但不符合个人的意愿。例如，组织上从长远和全局角度出发，分配我们去从事我们不愿意干的工作，在这种情况下，个人无疑应该服从组织，这样才能维护整体利益。

另一种情况是，组织上的决定是错误的，个人正确意见没有得到采纳。这样的情况是少有的，不过也确实存在。遇到这种情况怎么办？有的同志说，这就不能讲个人服从组织了，否则就是提倡盲从，放弃原则。我们认为，不能这么说。我们共产党从来就是对人民负责，如果我们认为组织的决定是错误的，那就应该提出来。如果组织上不接受，就向上级直至中央反映或申诉，但是，当组织上还坚持原来的意见，那我们在行动上还得服从。如果不这样，允许各行其是，那么，势必使革命组织瓦解，使革命队伍分裂，那就从根本上损害了人民的利益。

在王明"左"倾机会主义路线统治我党的时候，代表正确路线的毛泽东同志受到排挤，离开中央，离开军队，到地方工作。毛泽东同志一方面在行动上服从组织，不搞分裂；一方面坚持真理，说服同志。实践证明，毛泽东同志是正确的，大家终于信赖他，推举他为党的领导。当前，我们有些人中间存在着个人意见并不正确，却以"抵制错误领导"为名，不服从组织的现象，这是违背组织原则的，是有害的。

其次，谈谈少数服从多数。这是个人服从组织这个原则的延伸。人们对事物的认识往往不一致，意见分歧，又不能各干各的。因此，要采取表决的方式，遵从少数服从多数的原则，就可以集中正确意见，做出正确决定，实行正确领导。但是，真理有时在少数人手中，这也是事实。不过，真理究竟在少数人一边还是在多数人一边，往往一时难以断定，需要通过客观实践来检验。

所以，如果少数人自视掌握了真理，可以不服从多数人的决定，那就既否定了民主，也否定了集中，或者给个人或少数人的独断专行以可乘之机，或者导致革命组织的瓦解。因此，毛泽东同志说："党的纪律之一是少数服从多数。少数人在自己的意见被否决之后，必须拥护多数人所通过的决议。除必要时得在下一次会议上再提出来讨论外，不得在行动上有任何反对的表示。"

再谈下级服从上级。上级领导下级、下级服从上级，这原是一切组织都通行的组织原则，我们革命组织自不例外。但是，我们有些同志在实际生活中违背这些常识性的原则，他们往往只看到本单位、本地区的局部情况，着眼于局部利益，对上级的指导和决议不能正确地理解和接受，并加以认真贯彻。这是不对的。因为上级处于领导地位，掌握全盘情况，从大局出发，考虑问题比较全面，更能符合全局和人民的利益；同时，上级的指导和决议通常来说不是个人的意见，而是经过集体研究作出的决定，所以必须遵循下级服从上级的组织原则。

如果不能这样正确看待问题，甚至阳奉阴违，置之不理，各行其是，各自为政，不仅削弱组织，涣散组织，并且会损害全局和人民的利益而走到邪路上去。至于有的单位和地区，不接受或对抗上级组织的监督与检查，甚至欺上瞒下，不顾党纪国法而违法乱纪，那就应依情节追究刑事责任，严肃做出处理。我们青年人在这方面应在党的领导下、积极参与监督斗争。当然，在另一方面，有些上级领导人犯官僚主义，搞特权，思想路线不对头，或瞎指挥等情况，也是有的。遇到这种情况，我们也应该据理力争，甚至向更高一级反映，以便得到妥善解决。

最后，说一下全党服从中央。党中央是全党的首脑机关。党中央集中全体党员和全国人民的智慧和意志，制定正确的路线、方针、政策。唯有这种正确的路线、方针、政策，才能把我国近 13 亿人的思想统一起来，力量团结起来，步调一致起来，从而排除万难，去夺取现代化建设的伟大胜利。我们说全党服从中央，对于我们每一个人来说，最主要的就是要认真学习和坚决贯彻党中央的路线、方针、政策，在学习和贯彻的过程中，对党的路线、方针、政策有不理解的或有异议的，可以用不同的方式提出来，在党内和革命组织内部是允许自由讨论的，并且有什么意见、建议或批评，可以直接向党中央反映或提出。但是，不应该随意在社会上采用不负责任的方式，对党中央的路线、方针、政策，散布不信任、不满和反对的意见。

群众纪律

群众纪律是建立在同最广大人民群众的最大利益相一致基础上的以自觉为特征的纪律，是处理组织及其成员与周围群众关系的纪律。党的群众纪律是正确处理军队组织及其党员与人民群众关系的准则。人民军队的群众纪律是正确处理军队组织及指战员与人民群众关系的准则。马克思曾经说过："有识之士往往通过无形的纽带同人民的机体联系在一起。"群众纪律就是这样的无形纽带。

群众纪律还是一种无声的命令，无声的动员令。在革命战争年代，在新开辟的根据地和解放区，老百姓开始可能并不了解人民军队，在敌人的欺骗宣传下，他们不免存在着一定的疑虑。但是，后来他们从我军的纪律认识了这支人民军队，从而很快消除疑虑。故事片《智取华山》中，华山脚下一户山民，备受蒋匪军欺凌，起初分不清人民军队与蒋匪军队的区别，见了我军侦察战士就躲起来，男主人逃入山中。我军侦察战士露天宿营，下起了暴雨，战士脱下雨衣，遮盖了山民漏雨的屋顶，而自己却伫立在暴雨之中，这使山民的家属深受感动，逃入山中的男主人也打消了疑虑，毅然为侦察战士当向导，为解放华山做出了贡献。良好的群众纪律就这样有力地动员和吸引了人民群众支持、拥护革命战争。

人民解放军解放上海时，战士们连日作战，好几天没有睡觉了。进入市区后，天下着蒙蒙细雨，凉气逼人。战士们一个个露宿街头，和衣躺在潮湿的水泥地上，宁肯挨冻受淋，也不惊扰市民。市民们从来没见过这样的好军队，大为感动，纷纷拿出自己的雨具给战士们用，拉大家进屋休息，都被谢绝了。

希腊神话中的大力神安泰，两脚不能离开大地，时刻从大地母亲那里汲取力量。在和平建设时期，我们每个组织、每个人也一刻不能离开人民群众，人民群众是我们赖以生存的大地母亲。在今天的环境下，我们的群众纪律性不能削弱，只能加强，社会主义现代化事业是生气勃勃的群众性的创造事业，没有了广大人民群众的参与、支持，是断然不能成功的。我们的宗旨是全心全意为人民服务，这是我们党章所规定的，也是我们人民军队的建军宗旨。每个党员、每个军人都要从这个宗旨出发，要为最广大人民群众的最大利益而奋斗，时时处处为人民谋利益，维护人民的利益。我们每个人特别是青年人，更要自觉遵守群众纪律，多为别人着想，不损人利己，不脱离群众，正确处理个人与他人、与集体、与社会的关系。

劳动纪律

劳动纪律，也叫工作纪律，是任何社会发展生产的必要条件之一。它是在共同劳动过程中，对人们的行为进行监督的手段。它涉及劳动过程中人与人之间，人与劳动工具、劳动对象之间的关系。劳动纪律是生产劳动客观规律的需要，只要有共同的生产劳动，就要有一定的秩序、一定的制度，以协调人们的行动。

劳动纪律的基本要求有以下几点：

第一，严格遵守工作时间，充分合理地利用工时。准时开始和结束工作，遵守规定的吃饭和休息时间，不迟到、不早退、不旷工，不在工作时间内干与生产任务不相干的事情。

一个好职工应该有遵守工时的习惯，准时上下班。上班路程时间不要安排得太紧，以免出现意外情况而迟到。合理地利用工时，尽量提高生产效率，在单位时间内尽可能地多干活，多出产品，保证质量。

第二，就是忠于职守，切实负起岗位责任，充分利用工时，提高工作效率，严格按照岗位责任制行事，按照分工，各司其职、各负其责，谁失其责，当加追究。

现代化大生产赋予劳动者的岗位责任是很重大的。价值数以万计、十万计，甚至百万计的机器设备、产品、流水线，乃至整个工厂，交给你一个人、几个人、一个集体，焉能木然置之，不当一回事？你别看有的岗位工人，身穿洁白的工作服，坐在宽敞洁净的操纵室里，看看显示仪、指示灯，揿揿电钮，似乎轻松自在，你可知道他们手指所及的分量？

一个个电钮联通着各种电路、管道、机械，揿错一个，就会引起生产流程的紊乱，就可能酿成重大事故。现代化大生产要求工人有高度的责任心，漫不经心、玩忽职守、不负责任，是绝对不容

35

许的。

第三，认真执行操作规程和技术规程，认真执行劳动保护和安全技术规则。这些规定是根据科学技术和生产的客观规律，根据生产组织的分工制定的，是产品质量的技术保证，也是劳动者生命安全和工厂设备安全的技术保证。它不是随心所欲制定的，是经过生产实践反复检验的，必须严格照此执行。

第四，爱护机器、工具和原材料，爱护产品。机器、工具和原材料是生产资料，没有这些东西，生产就无法进行，因此我们必须细心地爱护它。"工欲善其事，必先利其器。"要严格机器、工具和原材料的管理，遵照保养、存放、使用的规则，切切实实负起责任。机器设备、劳动工具，不能只使用不保养，要经常擦拭、上油，坏了要及时维修，这样才能正常运转、使用，否则就可能缩短它的寿命。

第五，务必保证产品的质量，生产出优质产品。劳动纪律好坏归根到底要通过我们生产的产品来体现，产品如何，又可以从一个侧面检验我们的劳动纪律。一定要有"质量第一"的观念，要严格产品的质量标准，努力避免和减少废品、次品。

假冒伪劣产品对社会的危害是很大的，它不但坑害了顾客，损害了国家利益，而且也冲击优质名牌产品，同时从长远来说，也会将本企业推向危险的境地。所以劳动者要为企业负责、为消费者负责、为国家负责，以使用户信得过的劳动态度、生产信得过的劳动产品。

第六，服从管理，听从指挥。生产组织也是一个组织，这儿也有广义上的组织纪律，即生产组织纪律，这是劳动纪律必不可少的内容。社会生产愈发展，生产过程愈成为人们的联合活动的复杂过程。现代化大生产过程，生产工人按照分工和需要，组成班组，班组上面有工段、作业队、车间，车间上面有各个生产指挥、调度、后勤系统，然后又是厂长，总工程师等负责管理的人员。在这里，没有一定的权威，没有对权威的服从，能行吗？恩格斯说："想消灭大工业中的权威，就等于想消灭工业本身，即想消灭蒸汽纺纱机而恢复到手纺车。"

在工厂企业里，从班组长到总工程师、厂长，担负着保证生产计划、任务落实和完成的责任，每一个劳动者都有责任支持他们的工作，服从他们的安排，听从他们的指挥，这是分工的需要、工作的需要、生产的需要。我们是社会主义国家，劳动者是工厂企业的主人，是国家的主人，应当以主人翁的态度对待劳动，对待国家、集体的财产，对待工厂企业的一切，不能用旧的雇佣观念对待工作。不仅自己要严守工时，严格遵守劳动纪律，还要督促大家、带动大家一起严格遵守劳动纪律；不仅自己不违反劳动纪律，还要主动劝阻、制止别人违反劳动纪律。要认识到劳动纪律的重要性，用科学的态度对待劳动纪律。为此，我们要当一个合格的劳动者，必须提高自己的科学文化水平，要熟谙本行业业务知识，要有一定的职业修养。不仅要知道该干什么，还要知道为什么这样干；不仅要知道不应该怎么干，还要知道为什么不应该这样干。

公共纪律

公共纪律是公共活动中每个成员必须遵守的纪律。它的意义在于保障公共活动的正常进行。公共纪律的内容是比较丰富广泛的，但概括起来主要有：集体组织活动中的纪律，公共秩序，交通规则和赛场纪律。

（1）集体活动中的纪律。集体活动是集体组织所有成员共同参加的活动，如团组织的活动、班集体活动、少先队活动等等。

集体活动的基本要求是：积极参加、服从命令、统一行动、友爱互助。集体活动中，每个成员，都要积极参加，否则就难以顺利地开展活动。每个成员都要热心于集体事业，要有集体的荣誉感、要有集体凝聚力。集体活动中统一行动、服从命令是非常重要的，否则，一方面集体活动的安排受到影响，另一方面造成部分成员单独行动或小集体行动，影响到大集体的正常活动，有时甚至容易分裂集体，闹出矛盾。同时有些活动中单独行动容易出现危险，特别是中小学生单独外出，个人安全方面容易出问题，所以，集体活动中最忌单独行动。

在集体活动中，成员之间要团结友爱、互相帮助、亲密无间，像一家人一样，兄弟姐妹一样相互尊敬、相互学习。这样才能形成良好的集体，成员之间才会结下深厚的友情。

（2）公共秩序。公共秩序，就是公共场合中应遵守的纪律。公共场合人多而杂，遵守纪律显得尤为重要。公共场合中要讲究文明礼貌，不说粗话脏话，不高声喧哗，不追逐打闹嬉戏。外出坐车时要排队上下车，不拥挤，扶老携幼，见了老人孕妇残疾人主动让座。电影院、图书馆、会场上都要保持安静，决不能影响别人。

（3）交通规则。交通规则是为了保证交通安全而制定的纪律。交通事故发生的主要原因是交通肇事者不能很好地遵守交通规则。出了交通事故，不但对国家社会造成损失，更主要的是给当事人及家庭带来经济上的损失和精神的极大痛苦。所以遵守交通规律是非常重要的。

交通规则对人们的基本要求有：乘车时要先下后上，排队上车，互相谦让，不要拥挤。无论是步行，还是骑自行车，都要靠马路的右边行驶。过马路要向左右看看有没有车，一定要避开车。穿行时要走人行横道线。在道路交叉处通过时要看指示灯，绿灯时才可以通过，决不可闯红灯。对汽车司机来说必须持行车证驾驶，必须通过严格的培训学习。

（4）赛场纪律。赛场纪律就是指竞赛场的观众所必须遵守的公共纪律。赛场上一般情况下有参赛者、评委（或裁判）和观众。参赛者要遵守竞赛规则，评委（或裁判）要遵守评制规则，而观众必须要遵守赛场纪律。

观众是竞赛活动的一个重要组成部分，观众的热情支持、积极鼓励，能使参赛者信心十足，从中汲取精神力量，创造出良好的成绩，甚至会出现超水平发挥。可见做好的观众对竞赛活动来说是非常重要的。做一名好的观众必须要遵守赛场纪律。赛场纪律的主要内容有：观众要在指定的时间、地点观看竞赛。要讲文明礼貌，讲卫生，不乱喊乱叫，不起哄、不辱骂评委（或裁判）和参赛者，不随便扔东西，特别是向参赛者和评委（或裁判）甩饮料瓶等东西。喊口号要文明，不仅要给自己心中的参赛者"加油"，而且也给别的参赛者"加油"，尽力创造文明赛场，做到秩序井然、纪律良好。

10. 培养学生纪律观念的方法

纪律是成功的保证，有规矩才能成方圆，纪律是为适应家庭、集体以及社会需求而制定的，它规范人们的行为，使人们知道哪些事情能做，哪些事情不能做。制订纪律的目的，不是剥夺孩子的自由，而是为了在自我克制方面向孩子提供正确的途径。

纪律是学习的保证，一个孩子从小养成的约束力可能会影响他一生的纪律意识和意志品质，所以对学龄期的孩子加强纪律教育，订立规矩，培养纪律性，养成遵守纪律的好习惯，好品质。孩子的成长过程是一个逐渐由被动转为主动化过程，只有从小培养成好的习惯，自我约束，才能逐渐地把这些约束形成自己健全的人格。

西方有一位教育家说过这样一句话——人生当中最危险的阶段时间是从出生到 *12* 岁，这段时间，若不加强纪律约束，提高认识，摧毁孩子种种错误和恶习，它们就会生根滋长。因此，家庭和学校都要把增强纪律观念作为一项重要的任务来抓。

每个孩子在成长过程中还不懂得克制自己的不正确行为，因此，如果不给他制订规定，他就会缺乏这方面的知识，今后在与他人相处时将会出现问题。为了孩子自身的安全，规定一定的守则是必要的，如不能玩火柴，不能触摸电插头，不能玩刀剪，不能从高处往下跳，别人的东西不能拿，不能打人、骂人；现在该洗澡了，现在该吃饭了，吃饭时不能玩等等，这就是孩子的纪律。

有许多青少年法律意识淡泊，甚至很多走上犯罪的道路，就是由于孩子从小都是倍受呵护，很少受到纪律的约束，随心所欲，世界唯我独尊，自私、刻薄。许多令人痛心的事实告诉我们，学生必须加强纪律教育，只有让他们成为一个遵纪守法的人，他们的人生道路才能走得更加顺畅。

几乎每个家长可能都有这样的体验，要想把和小伙伴玩得热火朝天的孩子喊回来吃饭，使看卡通片入迷的孩子做功课，让玩游戏机玩得如醉如痴的孩子按时上床睡觉，就如同打仗一样，总要经历一番哭哭闹闹、吵吵嚷嚷，搞得父母们头痛无比。那么，怎么让孩子守纪律呢？

培养孩子的纪律观念首先需考虑：

（1）孩子的性格有什么特征？

（2）孩子在生理和心理方面，有什么特别需要？

（3）孩子和你的关系如何？

（4）你懂得多少教导孩子纪律的方法和技巧？

（5）孩子的生活模式有何变化和改动，如转学、搬迁、家庭纠纷等等？

(6) 你自己能否以身作则，提供一个良好的榜样？

解决孩子的纪律问题，家长必须与老师密切配合，严管与身教相结合，调动孩子自身的积极性，把纪律观念一步步融入孩子的行为当中，使孩子从小就造就自我约束能力和纪律观念。守纪律是从小培养的，制订一些规矩，使孩子按规矩要求去做，使他知道什么事该做，什么事不该做，从小就懂得按规矩办事，为长大做个守纪律、有礼貌的好孩子打下基础。做家长的要主动与学校联系，及时了解孩子在校的表现，对不遵守纪律的要严肃指出，耐心说服教育，绝不能宽容甚至护短；要在平时注意观察孩子是否遵守纪律，不失时机地进行纪律教育。

让孩子守纪律、有秩序，从他们的日常生活抓起。俗话说："没有规矩不成方圆。"要通过家庭的日常生活让孩子懂得，任何事情都有一定之规。在家里要让孩子知道，家里的各种用品、物件都有固定的摆放位置，每次使用后要物归原处；每日的饮食起居要有规律，要按时就寝和起床，按时进餐。

在孩子做游戏时，也可以对他们进行这方面的训练。任何游戏都是有规则的，规则是顺利进行游戏并达到游戏成功的保证。对孩子来说，游戏规则是对他们行为的必要约束。和孩子一起做游戏时，家长要督促孩子严格遵守规则，以此来培养他们的自制力，训练他们的纪律性。例如，像下棋时，发现走错了，常常向父母提出悔棋，有时甚至已走了好几步了还要回头重来，做父母的往往都会迁就孩子。如果父母为了提高孩子的棋艺，还情有可原，如果故意让孩子悔棋，孩子养成做任何事都想回头重做，这样对孩子以后进入工作岗位是极不利的。假如孩子是从事高科技东西的研究，后果就更不堪设想了家长应该让孩子做到"落子无悔"。著名心理学家皮亚杰就认为，儿童游戏中的规则和成人社会的法规条文具有同等效力。孩子小时候遵守游戏规则，可以为他将来成为公民打下基础。

对稍大的孩子，要教育他们遵守公共秩序。家长可以在以下几方面用自己的言行教育孩子：排队购物时不乱挤、不加塞；在公共场合（如车箱、影剧院、公园等）不大声喧哗，要谦让，不惟我独尊；在公共场所要爱护公物、讲卫生，等等。

孩子上小学后，要教育孩子认真遵守《小学生守则》，以及学校的请假制度、清洁值日制度、赔偿制度、课堂规则、阅览规则、考试规则，要做到准时到校，不迟到，不早退，不无故缺席、旷课。

进入初中后，要注意与小学纪律教育相衔接。要加强集体生活教育，如执行作息制度、做好课前准备、认真上课，课间和午间休息不吵闹、不做危险的游戏活动，注意同学间相处的分寸，在公共场所，还要进行维护公共秩序的教育。与此同时，还要对他们进行法制教育，主要是进行宪法、刑法、民法及治安管理处罚条例的教育。特别是要让孩子懂得什么是犯罪，什么是刑罚。另一方面要让孩子了解劳动纪律与劳动安全知识，为将来就业打好基础。高中阶段，由于孩子正处于人生观、世界观形成的关键时期，故要在纪律教育中侧重理性上的疏导，让他们形成自觉遵守纪律的观念。这种疏导包括个人与社会、主观和客观、自由和纪律、权利和义务、法律和道德、法律和生活等方面的辩证关系的认识；还要注意培养比较宏观的思维方法，从而激发他们的社会责任感。

做父母的不要培养孩子承受心理压力的症结。因为孩子在生活中容易遇到一些意想不到的事，这时，孩子的心灵是很脆弱的，只有在父母的鼓励和支持下，孩子才能有勇气坚持下去，遵守纪律，按制定计划去做。也只有这样，孩子才能不被挫折打倒，也只有这样，才能锻炼孩子的忍耐力和遵纪性，铸就一个强健体魄和坚韧意志的好孩子。

此外，父母还可采用以下方法。认真征求孩子对你所定下的规则的意见，如果意见合理应对所定规则做出适当的修改；应努力与孩子建立起一种互相尊重与关爱的关系，才能使孩子更乐意接受你所定下的规则和纪律；通过鼓励的方式敦促孩子遵守规则，当孩子达到你的要求时，应及时给予表扬和鼓励，例如，你可以说："真是好孩子！能听爸爸妈妈的话，做完功课才看电视！"；但当孩子违反规则时，必须及时警告他们，督促他们执行规则："爸爸妈妈说过，吃饭时间，不可玩玩具。要是你现在不把这个机器人放回玩具箱去，我就要把它锁在抽屉里了！"

总之，培养孩子的纪律观念是非常必要和重要的。做家长的有责任有义务与学校、社会一道把这项工作做好，造就千千万万遵守纪律的共产主义事业的接班人。

11. 学校课堂纪律的管理方法

管好课堂纪律，可以说，这是新教师工作的第一步。记得去年刚刚走上岗位，一位老教师见我备课说，你首先要做的是让学生敬畏你。如果没有一个良好的课堂纪律，即使你花了再多的心思去备课，也是徒劳无功的。最后遗憾的是，没有做好它。

结合一年的经验，和开学两周以来的感受来具体谈一谈：

制定课堂要求

开学一周后，制订了每人一份《班级公约》，有些根据情况画上着重线，其中第三条"上课"注明"★"，其中课前预备，要求听到铃声，快步回位，安静坐好，等候老师上课。课堂上有小朋友听课时突然站起来然后又坐下去，还有些小朋友坐姿不正，喜欢趴着或者脚翘着等，根据实际情况，都制定到公约里。有了要求，他们就有了方向。但好动是孩子的天性，只要看到谁坐姿不正，谁脚又翘到桌位的下板上，立马指出来。树立榜样是课堂管理的一个良好策略。

合理实施奖惩策略

教育家第斯多惠说过，教学艺术的本质在于激励、唤醒和鼓励，而非传授。单靠班级公约让学生执行，明确指出错误是远远不够的，多鼓励，多表扬，也是一种良好的课堂管理策略。

不但要口头上的，还需要一些进行小红花积分之类的奖励，课堂上的好表现，可以赢得一朵小红花，这是个人的，还有小组竞赛得积分等等。大家你追我赶，有了奋斗的目标，每个人都希望成为别人竞相吹捧的榜样，这样上课也带劲了。

当然了，有奖励也有惩罚，适当的惩罚也是有效教育手段。表现不好的，可以减掉小红花。这个年段的学生已经开始有自己的想法，一定要向他解释一遍原因，否则他不会明白自己为什么受罚。

多交流多改进

（1）对于课堂上喜欢窃窃私语的和做小动作的小朋友，有时看到这样的情况会喊他们起来回答问题，结果是会引起他们的注意，但有时也会因为不知道答案，课堂上顿时冷场，这很困惑，对于课堂不专心的，课间一定要找他们及时谈话。

（2）对于各科老师，要经常问问情况，进行交流。上次找综合老师有事，随口问了一下，我们班小孩上课怎么样？她就说了一些情况，好的不好的，还说了各班间的比较。此后我就关注每天的情况，看一看课堂进度表。

课堂教学要扎实

良好的课堂纪律除了学生的自律之外，重要的还是要看老师的教学如何？所以要好好备课，将教材吃透，要搞活课堂气氛，激发学生的兴趣，有些课文比较枯燥乏味，学生不感兴趣，上完的效果很差，在教学方面，以后还要向各位语文老师多请教多学习。

一个学生往往会因为喜欢这个老师，而喜欢上这门课，为了学生喜欢上语文课，好好努力吧！

12. 提高课堂自觉纪律的方法

复式班课堂教学是一种比较特殊的教学形式，在一节课中，各班的教学内容不同，动静交替的次数多，培养复式班良好的课堂纪律至关重要，没有良好的课堂纪律，必能导致干扰课堂教学的顺利进行，会直接影响教师教学任务的完成，达不到理想的教学效果。如何抓好复式班学生课堂自觉纪律的培养，我们的做法是：

以身作则，言传身教

教师应时时处处注意自己的言行，做学生的表率。如：要求学生做到的自己应先做到，上课前做好充分准备，上课时不做与教学无关的事情，按时上课、下课，心平气和地对待每一位学生，板书必须工整，批改作业要及时。

纪律教育，常抓不懈

低年级学生好动贪玩、自制能力差。因此必须上好思想品德课，加强小学生守则、日常行为规范的养成教育，做到天天讲、时时讲，平时对学生严格要求，使每个学生思想上、行为上有一种自觉遵守纪律的观念，学生自己管住自己，自己约束自己。

动静交替，严谨有序

课堂教学中，做到动静搭配合理。直接教学时，教师语言要生动形象，教学方法灵活多样，激发学生的学习兴趣，让他们听之有味、学之有趣。好的年级自动作业要适量，难易适中，让学生在预定的时间里能做、会做。这样，良好的课堂纪律自然形成，也可预防学生违返课堂纪律的现象。

培养班干部，发挥助手作用

优秀班干部和得力小助手，是复式教学班学生自觉遵守纪律的关键。教师应经常亲近他们，找他们谈心，交给他们一些力所能及的任务。比如：直接教学时，自动作业要由小助手负责学习和维持课堂纪律，发现个别同学有违反课堂纪律的现象，小助手要及时加以制止。

正面教育，表扬为主

在课堂教学时，个别学生不守课堂纪律现象时有发生。如：说悄悄话、玩东西、同桌争座位、东张西望等，教师切忌用粗暴的言行，伤害他们幼小的心灵，可用"目光""手势"制止这些不良现象，或让他们板演、回答问题等。课后找他们个别谈，同时鼓励他们向守纪律、学习好的同学学习，发现他们的点滴进步及时表扬。

整顿周边环境，静化校园

小学生好奇心强，注意力易分散。如：听到小商小贩的叫卖声，各种机动车的响声等，都会影响学生的课堂纪律。因此，我们必须整顿校园周边环境，让学生在一个安静舒适的校园里学习、生活。

总之，抓好复式班课堂自觉纪律的培养不是一朝一夕的事，教师应忠于教育事业，发扬奉献精神。耐心教育、悉心教学，促使每个学生逐步养成自觉遵守课堂纪律的好习惯。

13. 学生纪律教育方法的运用

班主任是对学生实施纪律教育的第一责任人，班主任工作方法

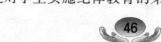

的科学与否，将直接影响自己班的班风乃至校风。那么如何对学生进行纪律教育，下面谈谈一些肤浅做法：

制定计划，以防为主

大量的事例证明，若一开始不注意对学生进行纪律教育，制订好班规，一个班违反纪律的现象就会好似割韭菜一样，去掉一茬又冒出一茬。因此，必须精心计划，以防为主，防止一些违纪现象的发生，否则班主任就疲于应付他们，分散精力。

班主任要将预防工作做在平时。经常用身边发生的能感受到的又能产生共鸣的正反面事例教育学生，防止他们的行为和学习出现偏差，利用好每周的一节班会课进行纪律教育。

老师、家长齐抓共管

纪律教育是一项讲易做难的一项工作。班主任、家长、科任老师必须齐抓共管。因为初中生正处于心理发生巨大变化的转变时期，学生成人感日渐强烈，但因是非不明，常故意违抗师长。

随着其独立性增强，就会减少与师长的交流，增加与伙伴的交往，认为能得罪师长，决不能失去伙伴的信任和友谊，因此他们常拉帮结派，采取统一行动。基于以上特点，班主任必须多和科任老师、家长联系，及时了解学生的思想状况、学习状况和家庭情况，发现问题及时解决。多与任课教师联系，还可增进感情，增强凝聚力，打好整体战，形成更大的教育合力。

班主任经常和学生家长保持联系的目的有三：

（1）让家长了解学校对学生的要求，使家庭教育与学校教育保持一致性。

（2）通过家访，班主任可深入了解学生的家庭情况，弄清家庭教育和环境对学生的影响，可与家长一道深入研究和改革教育方法。

（3）多家访可缩短老师与家长、学生的心理距离，特别是和经常违纪学生家长间的距离，取得学生和家长的信任，从而易于和家长、学生沟通。

实际上违纪的学生最怕老师家访，怕老师登门告状后受到家长的打骂。因此，家访时要避免全部说学生实情，应以肯定成绩和进步为主，在充分肯定成绩的基础上提出不足，给学生、家长以希望和信心，这样才能达到家访的目的，家长才乐于同老师接触，才能拿出最大的耐心与老师配合。

有的家长，因子女差距太大，自觉无颜见老师，更怕到学校，他们已从主观上放弃了对子女的教育，把学校当托儿所。对于这样的家长，我们得要根据实际情况，启迪其作为父母的慈爱之心，要求他们要有耐心和信心，要站在家长的立场，用放大镜找学生的闪光点，一分为二地看待学生，让学生和家长都能看到希望并对班主任信赖，信赖度越高，教育违纪学生的成功率越高，希望越大。

抓突破口，找出闪光点

（1）抓突破口。在平时的工作中，常常会感到违纪学生不可理喻，自觉花费精力不少，却收效甚微。其主要原因是未找到突破口，未对症下药。只要多与违纪的学生接触，多了解其爱好，正确利用和发挥其特长，给其表现的机会，使其尝到成功的甜头，他们就会自觉发生转变。

（2）多鼓励，少责难。给违纪学生以战胜困难的勇气。对于犯错误的学生，引导其分析做错的原因、总结经验教训。指引前进方向与严厉训斥相比，前者更能引起学生的负疚感，教育效果远大于后者。

（3）把握时机及时教育。教育良机稍闪即逝，应及时发现和把握。如：有微小进步时及时表扬；在活动、劳动、放学路上等非严肃场所进行情感交流；学生违纪后稍有认识时也是一次教育良机。

（4）榜样的力量是无穷的。违纪学生也有自觉心，当其同伴取得进步得到老师同学的赞扬时，就会感到自尊心受损，不服气，并产生战胜对方的冲动，只要我们及时正确引导，违纪的学生的这种冲动将是他们改变命运的转折点，他们将由此大踏步前进。

（5）尊重纪律差的学生。因纪律差的学生在学生群体中的地位低下，他们非常渴望人们理解他们和尊重他们，哪怕只是一句肯定或表扬的话，他们就会得到一次转化的良机。

抓班风，束纪律

班风是班集体中长期形成的情绪上、言论上、行动上的共同倾向，是一个班特有的一种风气。它是班主任根据教育规律长期反复教育的结果，它是一种无形的教育力量，对全体学生有经常的、持久的、潜移默化的教育影响作用。它可使全班学生规范自己的行为，自觉抵制和改变自己那些不符合规范的行为和习惯来适应班集体的要求。

抓班风主要体现在以下几个方面：

（1）抓本班纪律。首先让学生守纪，课堂纪律是保证教学顺利进行的前提，课间纪律是学生行为规范的一项重要组成部分，也是学生形象的一个重要标志。守纪者，教师在感情上易于接纳；违纪者或多或少给教师一定的坏印象，不利于学生的学习。

（2）抓卫生。环境的好坏将直接影响师生的情绪和行为，好的环境对人的行为有强烈的制约作用，它可以约束和规范不文明、不规范的行为，使纪律差的学生在不知不觉中改变自己的不规范行为。

（3）抓学生的竞争。有竞争才有动力。将学生无序的不规范的竞争引导到健康有序的竞争轨道，可促使学生将注意力、兴趣和精力投入到学习和特长发展中。

（4）抓学习。学生的主要任务是学习，关键是抓学习效率。

（5）抓学生的仪表。抓好学生仪表的常规化，消除学生的攀比心理和模仿心态，使他们的精力主要用到学习上。

纪律需反复抓、抓反复

初中生的身心正处于一个迅速发展阶段，其意志行为的独立性差，认同外界的不良刺激，同时他们自控能力又差，有时还不能控制自己的行为，不能很好地自我监督，当遇到问题和困难时，往往容易灰心丧气，不能持之以恒。由此可见，违纪的学生出现反复属正常现象，我们应允许学生犯错误，并给其改错的机会。

学生的反复一般是因未真正在思想上认识问题。中学生生活经验贫乏，对事物的认识肤浅、片面，因此，抓反复时一定要从学生的认识入手。在整个教育过程中，既要细心，又要有耐心，在尊重、信任、坚持原则的前提下，针对具体情况，通过不同途径，采取多种有效措施，反复进行深入细致的思想工作，给学生指明克服困难、纠正错误的途径和方法，使其明了老师教育他们的良苦用心。一般经过反复强化教育后，学生会逐渐理解老师的教育目的，自觉意识到改错既是师长对他提出的要求，同时也是他自己的需要，这样他们才能实质性地解决行为上的问题。

由于产生违纪的原因很多，不同违纪的学生个性特征又不尽相同，因此教育方法也多种多样。

14. 控制课堂教学纪律的方法

落实课堂常规训练

俗话说："没有规矩，不成方圆。"有效的课堂纪律管理，实际上是在建立有序的课堂规则的过程中实现的。教师面对的是几十个性格各异、活泼好动的孩子。如果没有一套行之有效的课堂常规，就不可能将这些孩子有序地组织在教学活动中。

（1）我们要防患于未然，抓好初期工作。在第一节导言课上，就要向学生提出一些行为要求。如专心听讲、不讲废话、善于倾听同学的发言等，使他们明确在英语课上什么事该做，什么事不该做。

（2）要适时地将一些一般性要求固定下来，形成学生的课堂行为规范并严格监督执行，这样不仅可以提高课堂管理的效率，避免秩序混乱，而且一旦学生适应这些规则后会形成心理上的稳定感，增强对课堂教学的认同感。如当小组讨论，教师大声喊"停"，学生并不理睬你时，就可以带领学生边击掌边说"一，二，三，停。"

（3）要将这些课堂常规结合日常的教学，进行反复地训练、调整、巩固，使之形成一种自然的学习行为习惯，促进学生的自律性。

运用奖励机制

通过多年的教学观察，我发现多数的孩子对批评反应很平淡。但受到表扬那就不同了，一句鼓励的话，一个赞许的眼神，他们会争取做的更好。比如学生问题回答的好，课文读的好，我们可借手势进行口头的表扬。如果是书写一类的检查可采用奖励贴画的形式。但不论哪一类的奖励用的太多，太频繁是没有效果的，也不可以为奖励而奖励，奖励应该是我们对孩子点滴的成绩由衷的赞许才会让孩子感到自然，感受到成功带给自己的快乐，他们学起来才会更起劲。

运用奖励手段鼓励正当行为，通过惩罚制止不良行为，这是巩固纪律管理制度、提高管理效率的有效途径之一。俗话说："罚其十，不如奖其一。"

小学生好表现，渴望得到别人的赞扬。当课堂上，有的学生在阅读课文，而有的学生却在嘀嘀咕咕，如果这时，老师对全班说："你看，这个小朋友读得多认真啊！"保证那些在嘀咕的学生立即端正姿势，自觉地开始谈起来。可见学生的积极性行为得到奖励后，这种行为将得到巩固与强化。在奖励的方式上可以是物质性的，也可以是非物质性的。但主要采用非物质性奖励，如课堂上学生的表现令人满意，教师可以报以微笑，投以赞赏的目光等。

在教师的举手之间，眉宇之间，让学生们意识到行为的正确性，从而起到"蜻蜓点水"的作用。同时维持纪律的另一种有效方式就是采取一定的惩罚，所谓惩罚就是教师有意识地通过使学生经受不愉快的体验，以影响和改变学生行为的一种手段。但惩罚要讲究技巧性，不能滥用，更不能进行体罚。有时针对不专心听讲的学生，点名叫他回答问题，就是一种惩罚。

控制节奏，做好调控

规章只是学生行为的依据，奖励也不过是一种激励手段，要使学生认真听讲，积极参与，注意力集中。要设计好教学的每一个环节，课堂上根据小学生的特点控制好节奏。重点的地方节奏要慢，难点不仅要慢，多举例，还要循序渐进，化整为零，各个击破。

教学方法要灵活多样，可采用游戏，英文歌曲等学生喜闻乐见的形式把教学内容融入其中。再就是及时的对所学的内容进行训练，训练可以是俩俩的形式，也可以是四人小组的形式。最后就是要面向全体学生，让所有的学生都参与到课堂活动中来，尤其是学习上有困难的学生，我们做老师的应该给他们更多的关爱，要看到孩子哪怕是很微不足道的进步，多鼓励，多表扬，多用欣赏的眼光看孩子的点滴的进步，只有给孩子更多的关爱，孩子才乐意接受我们的教育，才不会在课堂上做违反纪律的事。

一位好的英语教师应擅长于随时吸引学生的注意力，避免其注意力转移而引起课堂管理不当。为吸引学生注意力，教师应首先注意自己的声音力度。英语教师在课堂上声音太小，学生们听不清楚时，注意力就开始转移到与学习无关的事情上去了。另外，随时提问也不失为好方法。当学生知道老师随时有可能对他提问时，他就无意中把注意力集中在老师所讲的问题上。因此教师应不断地提出问题让学生思考，吸引其注意力。

英国的教育学家埃克斯利认为，呆板的教师不是好老师，尽管他拥有够糊一间房子的证书也是白搭，好教师以他的热情、活泼……使其课堂教学生动有趣。有时英语课堂纪律混乱完全是由于英语教师讲课死板、照本宣科而引起的。所以英语教师应尽力使英语课生动有趣，使教法多样化，这样不仅有利于学生学习，也有利于课堂管理。

（1）控制教学节奏。节奏是世界万事万物的运动规律，教学节奏是影响课堂纪律的重要因素之一。

学生在英语课上容易出现问题行为，教师的教学节奏太慢，不能不说是原因之一。据测，人的思维速度比一般说话要快三、四倍。教学进度太慢，接受的内容就大大落在思维之后，学生不得不经常调整自己的思维，降低速度。一些接受能力强的学生或自控能力差的学生就利用调整时间去做其他的事，常此以往就会形成一种习惯，严重影响课堂纪律。

同样教师的教学节奏过快，单位时间里的信息量过大，就会让学生紧张地喘不过气来，没有思考的余地，导致学生学习情绪低落、效率低下、注意力不集中。各种问题行为就会产生，因此教学应节奏紧凑、快慢有度，灵活地处理各个教学环节，切忌在 45 分钟内处处平均用力。

在引入新课时，学生的精神状态较好，对新知识充满好奇，这时教学应是明快、主动的。在理解、讲授阶段应突出重点、解决难点，对于难点应循序渐进，安排多一点时间，多一步引导学生，使学生有充分的余地消化每个教学信息点，沉醉于学习思考中。

在操练阶段要紧紧抓住学生的学习兴趣，迅速地进入语言巩固与运用阶段，使学生体验解决问题的成功感，专注于学习。

（2）调控学生的参与面。在课堂上如果仅仅只有几个学生参与一个教学活动，其余的学生只能做"观众"，那么这些"观众"就很可能会不经意地做出违反纪律的行为来。

因为我们面对的是 11、12 岁的孩子，他们爱说爱笑、爱动爱玩，要他们端端正正坐足四十分钟是绝对不可能的。因此教师在课堂的每一时刻都应该最大限度的让学生参与课堂，引发学生积极的学习行为，不让学生的思维停顿下来。

当前面的学生画完，交谈也随即结束，开始进入新的围绕蛋糕上生日蜡烛的多少，进行新的教学。在这一过程中，如果只是让学生静静地观看同学画蛋糕，那么肯定会有一部分学生坐不住，形形色色的纪律问题就会随之产生，而让学生进行你画我说，则让班内每位学生都参与到活动中来，让他们意识到课上"人人有任务，人人有事做。"无暇再去做与教学无关的事。

15. 加强学生纪律教育的建议

为适应办学规模不断扩大的新情况，根据学校对加强教学和学生管理工作的要求和指示，针对体育系班级多、学生人数多的特点，结合学生纪律工作的现状，特提出如下意见：

提高认识，统一思想

组织全系教职工重新学习学校学生纪律方面的文件精神，根据学校的总体要求，充分认识到目前形势下加强学生纪律工作、保证正常教学秩序的重要性和紧迫性，充分认识到强化纪律意识是提高学生综合素质的重要方面，充分认识到规范、有序的教学秩序是保证和提高教学质量的基础。全系系领导、班主任、教师、工作人员要积极行动起来，认识到位，加强学生纪律正面教育工作，形成全系学生纪律教育工作的合力，建立一个良好的纪律教育氛围。

加强领导，统一部署

成立由系党政领导组成的学生纪律教育工作领导小组，充分了解、认识新情况下学生纪律工作方面的优势和不足，认真研究目前的状况和下一步工作的思路和方向，明确责任，分工协作；要建立信息反馈制度，定期召开有关协调会议和班主任会，促进各项工作安排和要求落实到位，促进学生纪律教育工作的整体提高。

采取措施，责任到位

系里要注重发挥班主任老师的指导作用，加强班团干部、学生会干部的组织、管理工作，倡导、促进一般同学的自我管理意识和纪律意识。

（1）针对新生和其他年级同学的不同情况，适时召开年级班团支书、班长会议，要给学生干部提要求、压胆子，明确其应负的责任，加强班级管理的力度。

（2）安排各班召开一次以"纪律与班级体荣誉"为主题的班会，对遵守纪律、维护班级体荣誉的行为和同学，要给予表扬和支持；对不遵守学校纪律、损害集体荣誉的人和事，要进行严肃的批评和帮助，形成人人遵守纪律，个个为班级体争荣誉的良好风气。

（3）完善纪律检查、项目评比制度，定期对各项纪律工作进行检查、评比和排名，对表现好的班级要通报表扬，对后进的班要提出批评，并要求其提出限期改进意见和加强班级纪律的措施；对排名连续落后的班，团支部、班委成员要从工作能力、工作责任心等方面深刻检讨自己，并向系主管领导作出解释。

严格要求，奖罚分明

系里对班级管理工作的要求是：严格要求，抓住两头（表现好的和不好的），奖罚清楚，整体提高。系里要制定、完善、落实各项奖罚制度，要抓住纪律好的班级和同学，进行物质和荣誉奖励，要与评定奖学金和评先挂钩，要为这些同学各方面进步创造条件，对表现不好的班级和同学，要勒令检查，并将其行为结果与个人和班级荣誉挂钩，情节严重的要给以相应的纪律处分，直至开除学籍，决不姑息。

要使同学们认识到学校的纪律是铁的，没规矩不成方圆，认识到学校的严格要求是为了更好的建立一个规范有序的教学秩序，目的是为同学们增长才干、提高素质提供一个较好的学习环境。

16. 加强课堂教学组织纪律的意见

组织纪律是课堂教学的重要组成部分，组织纪律的好坏，直接影响到课堂教学的有效性。现发现在我们的课堂教学中，组织纪律存在一定问题，主要表现在：学生注意力不够集中，表面看似乎认真听讲，实际已走神；学生好动，手脚忙个不停，有时听讲，有时发言，有时开小差；不听讲，不发言，你管你说，我管我做；课始能认真听讲，半节课后注意力分散，课堂效益明显下降。

原因分析

（1）学生方面

①学习目的不明确，主动性不强。

②学习习惯不好，做事马虎。

③小学生生性好动，"喜新厌旧"。

④家长配合不够。

（2）教师方面

①教学设计只注重自己的教，没注意学生的学。

②教学方法落后，以"灌"为主，学生被动接受。

③教学节奏过慢，对学生缺乏"新刺激"，学生易疲劳。

④教学形式单一，缺少变化，形成不了"新刺激"。

⑤教学要求过高，纪律要求过松。过高的教学要求令学生望而生畏，久之，厌学；过松的纪律对学生形成不了约束，久之，过分随意。

⑥教师吝啬表扬，学生缺乏成功感，久之，厌学。

改进意见

（1）加强课堂学习行为的培养。

①课前的准备：铃声响过，速回教室，放好本堂课应使用的课本和学具，班内统一摆放位置。

②课中要求：统一坐姿，统一发言姿势，统一书写要求，统一读书姿势等。

（2）精心设计教学步骤，多考虑学生的学。注意教学节奏紧凑和教学环节之间的过渡。

（3）在学生没有形成良好学习习惯之前，课堂教学"严"字当头；在学生良好习惯形成后，教师要以"合"字当头，以合作者的身份参与学生学习。平时多与学生交流，多了解学生的心理需求，教学时能以多种形式满足学生的需要。

（4）精心设计和组织多种教学形式，不断变化的教学形式能激发学生的学习兴趣，减少疲劳，提高教学的有效性。

（5）针对小学生的心理特点，多表扬，多鼓励，让他们品尝成功的喜悦，激发孩子们学习的兴趣。

（6）避免灌输式教学，采用启发式教学，真正把学生放在主体

57

地位。

(7) 老师要以饱满的热情投身于教学，以自己的激情感染学生，激励学生。注意教学语言的精炼，表达的清晰，尽量不要重复无关紧要的话。教师还要合理使用自己的肢体语言，它既可引起学生注意，激发学生兴趣，又可帮助教师表情达意。

下面是教师自己总结的经验，与大家共享。

经验的总结

(1) 采用多变的教学方法组织教学，如：对对子活动、小组活动、说说唱唱、做做游戏等，以吸引学生的注意力。

(2) 以兴趣为出发点，采用学生所喜爱的教学方法，而且要经常变化。教师要有激情，体现在声音的抑扬顿挫、肢体的适度夸张上。多采用激励性的评价，增强学生的自信心。

(3) 通过让学生参与的形式，多样的评价与鼓励，唤起学生参与学习的热情。当学生开小差时，可以直呼其名，并让其回答。

(4) 以听、闻、看、想象等多种方式组织教学。应注重一个"量"字，适当的量才能提高课堂效率。课上，我一般控制在5—6个新单词。关键在第一时间把学生的注意力高度集中起来，老师应临场发挥，捕捉课堂的话题。

(5) 在教学过程的设计中，有针对性地设计一些活动形式，并让学生人人参与，让学生的个性得到发展。教学的步骤要紧扣教学目标、教学内容，不要随意，不要生搬硬套，更不要咀嚼过碎，要给学生一些揭谜与探求的欲望。教学中要关注学生的参与状态，既要观察学生的广度，又要看参与的深度。表面上热热闹闹，实际上没有引起学生多少认知冲突，这样的课不是好课。

(6) 做学生的朋友，让学生喜欢自己。平时抽一定时间，以平等的姿态跟学生谈心。了解他们在想什么，他们需要什么，上课时采用针对性的方法教学，满足他们的需要。课堂教学要充满激情，教师要始终以饱满的热情投入教学中，能用自身的态度感染学生，教育学生。

（7）兴趣是学习的主动力。要认识到学生好动的原因，不要粗暴对待，使其产生逆反心理。老师要像魔术师那样，通过很多花样来吸引学生，图片、音乐、表演、唱歌等等，老师样样都要会，样样都要用。课堂教学中要注重抓学生纪律，一有学生开小差，应及时暗示或指出，时刻提醒学生注意力要集中。

（8）兴趣是最好的动力，否则学生学习只是被动的，也是无法取得好的学习效果的。没有好的学习效果而一味地加重学业负担，反复机械地做同一类知识，是徒劳的。老师要着力培养学生的学习兴趣。教学中尽量挖掘学生已有的生活经验，缺乏的话，要引导他们去主动获取，并尽量设计问题情景，激发学生学习兴趣。使学习成为他们的需求。我在课堂教学中所发出的每一个指令，都要学生做到，如果有人做不到，宁愿放慢进度。

（9）根据课文内容中的词、句，适时用幽默、风趣的语言与学生开一下玩笑，让气氛轻松一下，所学知识也不易忘记。上课要关注每一个学生的情况，发现问题要及时解决。采用分层教学，使每个学生能充分感受到学习的快乐。

（10）在组织教学中要注意两个方面：

①每篇文章要抓住关键点、切入口，举一反三，不必面面俱到。

②提出阅读要求，让学生运用学法，自己阅读课文，老师要敢于放手，使学生充分享受到自由阅读的乐趣。

（11）注重平时行为规范教育，特别是课堂纪律教育，课堂上要明确提出各项要求，并严格执行，奖罚分明。教师的教学过程要精心设计，避免滑到哪里上到哪里，所教的内容要适合学生。在教学中，我注意严格与表扬相结合，注意教师语言、情感的变化，提高四十分钟效率。

提出的改进意见

（1）积极利用多媒体信息技术不断完善自己的课堂教学。一定要重视培养学生良好的学习习惯，并采用分层教学的方法。不断丰富和夸张的表情与肢体语言能吸引学生的注意力，特别是中低年级的学生。同时要培养学生良好的听说习惯，不仅能认真地听老师讲，还要认真地听学生讲。

（2）平时多积累生活中较有趣的事作为教学中的材料。师生关系应做到融洽，能相互谈心，能够更多了解学生学习上的困难与盲点。充分利用课件，调动学生的学习兴趣。

（3）老师在课前的备课要精致，课堂语言要严密，讲话力求完整，不让学生得到糊涂的概念，要努力采用一些学生喜欢的题材激励和调动课堂气氛，提高课堂教学效率。

（4）改变学生不良的学习习惯，常抓不懈。同时还要建立平等的情感氛围，激发学生的学习兴趣。在学生遇到困难时，多采用激励性的评价，促进学生积极主动参与。

（5）要培养良好的班风。教师的语言要亲切、柔和、风趣，一定要做到严而有度。准备工作要充分，在对学生有了一定了解后，设计适和学生的教学方案。课堂教学的难易要适中，设置好学生的最近发展区。有的老师往往花样太多，学生眼花缭乱，不知道该捡哪些果子，那也不会收到良好的效果。

（6）作文教学中注重指导，亦重视讲评，全方位地提高学生作文水平。针对不同的学生，运用不同的语言，或批评、或表扬、或训斥，因人而异。

（7）课堂上要特别关注那些特困生，给他们更多的时间、空间，提高他们的学习兴趣。

（8）在教学中要照顾到那些中下生，让他们能积极参与，主动学习。可以多方面地调动学生学习的积极性。采用激励性的语言，采用小组合作学习，也可以利用家长的奖励机制，刺激学生学习的积极性。

17. 有效地让学生遵守课堂纪律

让学生认识到，遵守纪律是遵纪守法的基础，是良好的行为习惯的重要内容，是培养规则意识的途径之一。纪律是一种规矩，没有规矩，不成方圆，没有纪律，将无法正常进行教育教学活动，纪律是各项活动的保证，良好的课堂纪律是学生充分完成学习任务的保障。怎样引导学生遵守课堂纪律，可以从以下几方面进行思考：

提高学生的认识

让学生从思想上认识到投入地学习是种美德，倡导形成投入地学习的学习气氛。

让学生从思想上认识到投入地学习是种美德，可从推行新课标，对教师进行理念上的培训得到的启示。孩子们从思想上认识到投入地学习是种美德，这是他们遵守纪律的内因，是起决定作用的因素。当遵守纪律由孩子的个性认识发展到一个班孩子的共性认识时，遵守纪律投入地学习的氛围就形成了。

教师教学方法的多样化

在讲某一内容时，全班孩子都有不遵守纪律的现象，我们就应考虑：教学设计是否符合学生认知规律，教学目标设定的是否合理等。如果是一部分孩子不遵守纪律，这部分孩子往往是两类孩子。一类，我们设计的内容他们已经懂了，他们无需再听。还有一类听不懂的孩子他们用这种方式告诉我们，与其坐着听天书，不如放松我自己。面对这部分孩子我们尤其要注意的是分层教学，给不同的学生不同的学习目标，如果是个别学生不遵守纪律，我们可用手势、眼神等暗示方法让学生明白应该怎么做。

　　注意及时表扬和阶段表扬的综合运用

　　及时表扬可使学生获得及时的成功体验，阶段性表扬可使学生获得积累成功的体验，从而树立更高层次的目标。

　　我们强调集体主义精神，一个班必须有严格的规章制度，有良好的行为习惯，有很强的规则意识，这是形成一个班集体的重要因素之一。培养学生遵守纪律的习惯，面对一年级的学生，不能硬性地规定，生硬地要求。有一个老师是这样做的：在黑板的左上角画一棵直直的小松树，在黑板的右上角画一口稳稳的大钟，然后对大家说：同学们在排队，起立站着时，姿势就应该像这棵小松树这样直；同学们坐在教室里学习，听课，就应该像这口大钟一样稳稳当当。当然，课堂安排要内容丰富，不能让孩子总一个姿势坐着。

　　培养学生遵守纪律的习惯，实行小组之间的评比也是非常有效的做法。不过，这也需要在已经培养了集体荣誉感的基础上进行才更有效。比如，学生一般上班主任的课是能够做到遵守纪律的，但是上科任课就比较难以做到了。我们用小组评比的办法，来约束孩子的行为，为了小组的荣誉，大部分孩子都能做到自觉遵守纪律。点点滴滴的培养，锲而不舍地努力，遵守纪律就会成为每个孩子的习惯，这种良好的习惯将是孩子一生的财富。

18. 主体性教学中加强组织纪律教育

　　主体性教学目前已是体育教学中被广大教师所认可和采纳使用

的一种教学方法。其对落实教学大纲要求，促进学生全面健康成长，有着重大的作用。结合教学实践，在"新课标"的指导下，"主体性"教学目前已是体育教学中被广大教师所认可和采纳使用的一种教学方法。其对落实教学大纲要求，促进学生全面健康成长，有着重大的作用。结合教学实践，并针对主体性教学的特点，在主体性教学的过程中千万不能放松组织管理和纪律教育。

（1）良好的组织纪律是主体性教学的有力保障。所谓"主体性教学"，就是以学生为本，在教师的正确引导下，有目的，有计划地让学生发挥自己的才能，逐步地自主去探究、去锻炼，充分体现学生在教学中的主人翁地位。也就是说，主体性教学是给了学生一定的自主学练的时间和空间，学生有了展现自我运动技术才能，发挥自己才智，协调人际关系等的平台。正是在这种教学模式下，学生缺少了教师的直接指控和约束，所以往往表现出集体观念不强，组织纪律散漫，我行我素的现象时有发生，这样不但达不到预期的教学目标，反而重蹈"放羊式教学"的老路。教师作为教学的主导者，丝毫不能放松对学生组织纪律的教育和严格的组织管理。

就像带兵打仗一样，没有良好的军事组织纪律作保障就不可能取得良好的战绩。教师首先要对所学练的内容要有目的，有计划，对教学过程有可能发生的问题有所假设和预见性，从而提出严格的要求，使每个学生深刻认识到自己在教学中的地位和角色，以及通过学练自己应该完成的任务，达到目标。在整个教学过程中教师力争做到敏锐观察，及时发现问题及时解决问题，要给学生创设宽松自主的学习氛围，但放任自流就失去了主体性教学的真面目。

（2）良好的组织纪律有利于提高教育教学质量。主体性教学，作为教学的一种方法和手段，其目的就是为了提高教育教学质量。当然提高教育教学质量，仅凭改变几种教学方法还未必能够达到预期的目标。在"新课标"的引导下，主体性教学有了更大的起色和发展，但在实际教学过程中是仁者见仁，智者见智，也引起了不少争鸣，产生了不同的观点。主体性教学产生负面效应的主要原因是，部分不负责任的一线工作者打着主体性教学幌子，将学生放任自流，任其自然，"一把唢子，两个球，老师学生都自由"名符其实地走"放羊式"教学的老路，课堂纪律也无从谈起。有的同学在进行着毫无目标意义的运动，有的则三三两两，开始了"谈心"活动。根本没有达到教育的目的。而真正的主体性教学是有组织、有纪律的，同学们应该去做什么，不该去做什么，一堂课下来应完成什么任务，实现什么目标等等，都应有明确的规定，不能向无头的苍蝇到处乱碰。因此不接受组织纪律的约束就失去了教育教学的意义，就难以确保教学目标的实现和教学质量的提高。

（3）加强组织纪律教育，培养安全意识。"健康"是体育教学的第一要务，在组织教学方面，主体性教学给了学生更大的和更多的活动空间和时间，其要求充分调动学生学练的积极性，不但要有灵敏的思维活动，即心理参与，而且还要亲身体会运动的乐趣，即身体参与。但每个学生又是有着不同的体质，不同的运动技能，不同的思维品质，不同的个性特征，同时锻炼的形式有所不同，场地器材也仅相似。综观全局安全隐患相对增大。"安全第一"，为了减少意外伤害事故的发生，在进行主体性教学时，必须先要加强思想品德和安全意识教育。

（4）加强组织纪律教育养成良好的锻炼习惯。可终身受益，并使体育道德精神永传。"百年大计，教育为本"体育作为学校教育的一个分支，肩负着重要的历史责任，随着社会的进步，经济的繁荣，人们对健康有了更高的要求，但恰恰相反，近年来的中学生身体调查表明，学生的部分身体素质指标不但没有上升，反而呈现出下降的趋势。如近视率提高，肥胖与豆芽型明显增多。当然造成这种现象的原因是多方面的。最重要的一点是锻炼意识淡薄，校园自主锻炼的气氛未能形成，何谈习惯的养成呢？

我们应借教改的东风，加强组织教育，使学生真正感受到主体性教学的乐趣，养成经常锻炼的习惯，为今后步入社会开展全民健身起到带头作用。同时，我们每个人都是社会大家庭中的一员，体育课堂就是社会的一个缩影，相对其他学科，学生有了更多的直接的接触的机会，不同的个性特征更能充分展现出来，同学之间有了更多的了解和认识。通过加强组织教育，使同学们真正体会体育的精神内含和实质，并继承和发扬体育道德精神，促进学生全面健康成长。

综上所述，主体性教学在严密的组织纪律的保障下，才能顺利展开，才能向预定的目标迈进，才能真正体现"新课标"的新观点，才能取得事半功倍的教学效果。

19. 班级纪律与课堂管理的共同协作

体育课堂纪律就是在体育课中，教师学生共同遵守的课堂行为规范，是体育教师为维护正常的教学活动的开展，鼓励学生积极配合教师参与体育活动，组织和处理违纪行为的手段与行为。在体育教学活动中如何做好班级学生的纪律管理？我认为需要做好以下几点：

（1）建立和贯彻执行教学常规。体育老师在体育课堂常规教学中，要求学生上课时须穿上运动服装，按时上课，不迟到，不早退，有事、病请假等，并有意识的在一些体育练习和游戏活动中用"规则"来限制学生的行为，从而让学生体会到没有规则限制，体育活动很难顺利进行，"越轨"就会受到惩罚，进而让学生明白没有规矩不成方圆的道理。

体育教师要正视常态体育课的教学，为了使学生能较好地配合体育教师参与体育学习活动，在教学之初，利用开学周第一节体育室内课做好学生体育常规的要求，向学生明确宣布学生在体育活动着装要求及如何安全地从事体育活动的要求。为了维持良好的课堂教学秩序，体育教师要防患于未然，尤其是刚刚开始上课的时候，一定要狠抓常规的执行让学生明确活动前要做好准备活动，课后不能大量饮水的道理，待学生逐渐适应并形成上课习惯后，再组织学生参与活动就有保证了。

（2）及时妥善地处理违纪行为。当学生在学习过程中出现违纪行为时，教师必须迅速作出反应并及时处理。对待一些个性强的学生教师要采取冷处理的办法来维持体育活动的正常进行。

一般来讲，如果一个学生只是消极地完成学习任务，教师不必立即公开处理，可采用沉默、皱眉、注视、走近等方法处理。如果一个学生的违纪行为已明显干扰整个教学过程，教师必须立即处理，并按情况采取提示、暗示、制止、甚至惩罚的方法。在处理违纪行为时，尽量不要中断教学的正常进行，尤其是不要频繁地中断教学过程来处理违纪行为。特别是性格特殊的学生犯错误时，我们应该采取"冷处理"的方式进行教育。"直面火枪"只会让事情变得更糟。

记得一节武术考核课，一位学生满不在乎的样子上来，表演时采取消极的动作行为对待，真让我是哭笑不得，自己辛辛苦苦在烈日下教出的动作到了他身上竟然变得这么糟糕，真想停下来好好教训他一顿。但我没有这样做，开始我给了他一个严厉的注视，教学依然在我的主持下继续进行……。下课后我让他留下来做俯卧撑，看他满头大汗我才要他停了下来并严厉批评了他。接着用温和的语气给他说理，直到他明理。后来这位学生再也没有犯错误。

（3）正确运用奖励与惩罚。奖励与惩罚是维持纪律，进行课堂管理的重要手段。俗话说："罚其十，不如奖其一"，教师要多用奖励，少用惩罚，当学生的积极性行为得到奖励后，这种行为将得到巩固与强化。

为了维持纪律，一定的惩罚也是必要的。惩罚是体育教师有意识通过使学生经受不愉快的体验，以影响和改变学生行为的一种手段。惩罚的目的是为了制止或阻止违纪行为的产生和重现。

在体育教学中，惩罚的方式有两种：

①挫折型。即暂时中止违纪学生参加体育学习活动的权利。

②否定型。即当众批评，教训，课后留下来，重做俯卧撑，跑步等。

在运用惩罚时，教师必须让学生明白，惩罚的是违纪行为而不是针对某人，一般情况下不搞集体惩罚。当我们的学生取得某方面的进步时，我们应该及时给予他应得的表扬，即使是学生取得丁点进步也应该竖起你的大拇指。

当学生违纪时，给他一个严厉的目光或采取适当的小小惩罚来引起和改变学生的注意。这样的老师上课，学生没有不愿意听讲的。无形中吸引了学生上课的注意力，课堂纪律好了，效率也就高了。

（4）利用模范带头作用。课堂教学中，教师的包办管理力量过于单薄，难免有顾此失彼的现象发生，学生总是处在被动接受管理中，师生双方处于"管"与"被管"这一矛盾统一体中。学生的主观能动性得不到发挥，一旦自尊心受到一定伤害，有的学生就不愿接受管理甚至与教师搞对立，这种反弹现象的出现使管理很难奏效。

针对上述情况，我们教师要清楚的认识到：体育委员和体育小组长是我们课堂教学的小助手，充分发挥他们的模范带头作用来进行班级管理是一个行之有效和长期坚持的教学行为。

在活动中，对于一些简单或学生能组织完成的要大胆放手让他们去组织完成。如：集合队伍、清点学生人数、简单的准备操、跑步活动和课中纪律的维持等等都可以让他们去组织完成。

（5）课堂组织要严密。体育课中学生的违纪行为大多出现在学生互相干扰或等待练习时间过长的时候。因此体育教师要注意严密课的组织，充分利用现有的场地器材，合理分组，增加学生实际从事练习时间，减少违纪行为现象的发生。

（6）建立良好的师生关系。建立和谐的师生关系，体育教师有其独特的职业优势。所谓"亲其师，信其道"，和谐的师生关系能使班主任的要求迅速转化为学生的行动。

体育教师善于利用课堂内外的双边活动来促进师生情感，在活动中可以发现许多学生平时不能发现的问题，然后，老师再针对性的进行教育。

尤其体育活动最能使人心情愉快，精神振奋，教师参与其中能调动学生的情绪情感，只要以情换情，以情育情，形成良好的情感环境，就能使教育达到育心、育人的功效。例如，我在篮球课活动中看到一些球技好的学生老是错误的认为自己高人一等，与球技差的学生厌玩，于是我借此机会跟一些技术差的学生一起活动，一起交流球技，无形之中拉近了师生之间的距离，也协调了学生间的友情更拉近了师生的情感，为建立良好的班级学风创造有利的条件，为营造和谐的班级管理打下有序的铺垫。

感谢大家对这次话题讨论的热心支持，有你们的参与让我们的体育教学变得更精彩！管理是一门艺术，班级学生的纪律管理方法很多，大家都有各自的做法，由于各个水平阶段班级学生的特点不一样，管理也就不一样。所以，管理方法和管理模式不能单调和单一，应该根据实际情况来进行有效管理。

20.《维护集体纪律》教学设计

维护集体纪律就能得到人民的拥护，就能取得事业的胜利。

教学目标

要求使学生懂得纪律是各项事业胜利的保证，教育学生向八路军学习，自觉维护集体纪律，从小养成自觉遵守纪律的好习惯。

教学重难点

（1）维护集体纪律就能得到人民的拥护，就能取得事业的胜利。

（2）向纪律严明的八路军学习，从小养成遵守纪律的好习惯。

教学准备

（1）电视机、录音机、投影机、单放机、"三大纪律、八项注意"歌曲磁带、投影片若干幅。

（2）学生思想状况分析，目前小学生在遵守纪律方面的自觉性还较差，特别是独生子女在家庭中拥有优越的地位，有些年轻父母的娇纵、溺爱，使他们常常独断专行。

因此对他们要从小加强纪律教育和纪律行为训练，使他们在实践中不断提高对纪律重要性的认识，逐步养成自觉遵守纪律的习惯。

教学过程

（1）谈话入课。同学们想一想《小学生守则》第七条中，要求我们怎样做？说得很好，要求我们遵守学校纪律，遵守公共秩序。那么遵守学校纪律我们应该怎样做呢？正像同学们说的那样，学校纪律是集体纪律，是提高人们精神文明素质的重要条件，纪律可以使人们在遵守秩序、履行职责中培养良好的思想道德。在改革开放的新形势下，我们小学生只有具备良好的纪律素质，才能适应形势发展的需要。既然遵守纪律这么重要，这一节课我们就一起学习《维护集体纪律》板书课题维护集体纪律的事迹很多，这节课老师就向你们讲述一个生动感人的故事。

（2）讲故事，初步明理。

①创设情境，讲述故事（放录音配乐故事）。

②提出问题。问题：（幻灯字幕）

A、当时八路军处境如何？

B、陈庚将军怎样批评管理员的？

C、有人为管理员求情，陈庚将军又是怎样说的？

③带着问题阅读课文。

④师生共议，明白道理。

A、陈庚为什么批评管理员？

B、敌人的"扫荡"为什么很快被粉碎了？

小结：陈庚将军不仅批评而且处分了管理员，说明了八路军严格遵守"三大纪律，八项注意"，自觉地维护集体纪律，取得了反"扫荡"的胜利。板书：自觉维护集体纪律粉碎"扫荡"。

⑤放录像（电影《战上海》）解放军露宿街头片断。

小结：在抗日战争和解放战争时期，八路军和解放军自觉地遵守"三大纪律，八项注意"，赢得了一个又一个胜利，在建设社会主义现代化的今天，同样离不开自觉维护集体纪律，同样需要"三大纪律，八项注意"。放"三大纪律、八项注意"歌曲。

（3）深化明理

引导学生讨论：

①为什么要自觉维护集体纪律？

②如果在班级、在学校能自觉地遵守纪律、遵守公共秩序，会有哪些益处？

小结：过去中国革命胜利靠的是铁的纪律，祖国的社会主义现代化建设、包括我们小学生的学习也离不开纪律。只有懂得遵守纪律是自己的义务和责任，才能在工作和学习中取得更大的成绩。事实证明：加强纪律性，革命无不胜。

板书：加强纪律性，革命无不胜。

（4）指导实践

①怎样才能自觉维护集体纪律？（学生讨论回答）

②调查汇报：我们班级里也有自觉维护集体纪律的好人好事，谁来向老师汇报一下。

③辨析：（幻灯字幕）

A、上自习课时，李明大声和同桌说话，闲谈，张敏说他不遵守纪律，李明说老师不在教室，大声说话不算什么，李明的做法对吗？为什么？

B、学校开运动会，张丰对赵凯说："我替你跑二百米，准能取第一名。"

（5）总结谈话

同学们，自觉维护集体纪律，不仅是革命战争时期的需要，社会主义精神文明建设也需要，我们明白了这个道理，就应该从我做起，从现在做起，处处严格要求自己，自觉维护集体纪律，为社会主义精神文明建设做出贡献。

21. 新教师管理课堂纪律的方法

新老师的管理方法

作为新教师，上好一节课除了要充分备好课外，控制好课堂纪律非常重要。如果课堂纪律乱糟糟的，备课备得再充分，教学效果也不如人意。搞好课堂纪律，提高教学水平，激发学生学习兴趣至关重要。

但是，新老师在经验有限，教学水平尚有待提高的情况下，应该怎样控制好课堂纪律呢？经过一年半来的教学摸索，我得出以下方法：

（1）树立教师威信。刚任课时，学生和老师都处于一种相互观察期，这时候的课堂纪律问题不大。但很快就会有第一个吃螃蟹的勇敢者出来挑战新教师的权威，这时新教师一定要冷静处理，因为其他的学生都在看老师会如何处理。处理得好，虽然不能一劳永逸，但对于树立威信很有帮助。处理不好，学生可能群起围攻，新教师就要疲于应付。对待老师，学生的趋向是欺弱怕强，所以新教师在课堂上应该扮演硬朗的角色。这可从细节作起，例如声音要响亮，表情比较严肃等。

对于公然挑战权威者，新教师不可软弱、逃避，并且一开始就要敢于正视、教育，体现自己的原则。否则等到学生都欺到头上才发难，已经很难再扭转不利局势了。但是这要求新教师要尽快了解学生的情况。所谓"知己知彼，百战百胜"。

大部分学生外强中干，大声斥责有立竿见影之效；但有些学生自尊心特别强，如果屡次公开批评，有可能导致师生的对立。对于这样的学生要多鼓励多表扬，就算是批评了课后也要及时安抚；对于特别难对付的学生，不要在课堂上与其对峙，一者教师没风度，二者容易使自己下不了台。暂且冷淡处理，待下课后将其叫到办公室慢慢教育，必要时候还可联系家长共同做思想工作。

（2）教师要有爱心。当然，新教师如果一味硬朗，学生可能口服而心不服。所以还应该多关心学生，以爱感化学生，以情打动学生。平时上课善于察言观色，发现学生不认真听课，可先找学生了解情况。有时学生不认真听课，是由于某段时期思想出现问题或是情绪比较低落。

如果学生真有问题，能解决的帮忙解决，不能的再向班主任反映。就算明知学生没有问题的，也可找学生谈谈，让他知道老师很关心他重视他。对于关心重视自己的老师，学生就算是不想听也会给面子。

此外，还可利用课余时间和学生多沟通多接触。和学生沟通最好是在教室里，办公室里的师生对话容易给学生造成压力。上完课不要马上离开，在教室里多呆一两分钟，就课堂内外的话题聊聊，这样使师生关系融洽，也有利于搞好课堂纪律。

除了多关心学生还要多关心所任教班级的事务。由于分工的不同，任课老师不是班主任，对于班里的事务关注较少。但是从搞好课堂纪律的角度出发，新教师作为任课老师这一点应该要做好。我所教的某个班级，桌椅总是摆放不整齐。

上课时第一件事就是要求他们做好这些事，班里面得了荣誉及时鼓励，出现问题提出建议或帮忙解决。学生感觉得到老师不是只关心所任教科目的成绩，对自己班级也很关心，情感上就愿意接近老师、配合老师。这个班有几个学生确实比较爱讲话，但是很多时候不用我出声其他的学生会马上帮忙制止。

（3）学生要学会尊重他人。新教师在控制课堂纪律时普遍遇到的问题是"一放就乱"。根据课改精神，课堂必须注重师生互动、生生互动。在互动的过程中，难免会人多口杂，而一些爱讲话的学生也往往趁机捣乱。如果不加以制止，这种现象极可能愈演愈烈，课堂纪律放了就收不回来。针对这种情况，新教师要在平时就培养学生尊重他人的意识和习惯。

具体而言，就是严格要求学生遵守发言纪律，有秩序地发言，不随意插嘴和打断别人的发言。操作时按照年龄特点，逐一举手发言。只要教师鼓励得好，刚上中学的学生还是爱举手发言的。初二、初三的学生积极性较差一点，可用点名或轮流发言的方式。全班讨论时，则要求新教师能眼观四路耳听八方，一发现有不符要求的苗头就要及时处理。

尤其是刚任课的时候，更要如此。久而久之，学生自自然然就形成了尊重他人的意识并强化为习惯。而学生一旦形成了这样的习惯，课堂纪律就有保证。

（4）管好纪律差的学生。一个班级，总有纪律差的学生，先从纪律最差的同学抓起，以点带面，可以促进全班纪律好转。学生不守纪律的原因很多。比如学习目的不明确，基础薄弱，对学习不感兴趣；上课听不懂，自制力差等，都可能产生一时或长期的不守纪律。这些原因在学生身上也许几种并存，但必有一种在起主导作用。对待这些学生，不能嫌弃、疏远，而要尊重、亲近，用爱心与真情感化他们。在课堂上要更多的关注他们，会多给他们提问。

有时候，要搜集一些美文、名言警句、励志故事等让这部分同学朗读，既提高了学生朗读能力，也提高了他们的课堂注意力，如果朗读得好，就给他们表扬，让他们有成就感。另外我还用家访的形式，与家长紧密联系，共同配合才能转化这些学生。

（5）明确课堂的要求。要结合本班情况制定班级学习制度、纪律要求等。有了目标，学生自我约束有方向，自我管理就有章可循。比如把课堂常规纪律要求分几个环节。课前要把学习用品放在指定的位置，预备铃响后要迅速进入教室，安静坐好；上课专心听讲，要说话先举手，课堂上的一切行为都要符合常规要求。

表扬是课堂管理的常用策略，对学生细微的进步都要加以表扬。既要口头表扬，又要设计纪律评比的大表格，让学生在课堂里得到的红花或红星，及时贴上去，评选遵纪之星、礼貌之星、学习之星、使学生学有榜样，赶有劲头。记住，千万别使用罚站作为惩罚。

（6）正确运用注意规律。在教学中当课堂秩序出现问题时，故意停止讲课比责备学生要好，这样做可以把学生的注意吸引到教师的讲授方面。责备学生，反而会使其他学生的注意转移到违反纪律的人身上，分散学生的注意。在开始讲课时，要说明学习它的重要性与必要性。学生对学习目的认识越清楚，他们就越能努力。以有意注意来对待他们必须学习的任务。

教师在教学过程中要正确运用注意规律，既要估计客观条件，从有效地组织教学内容和改进教学方法着手，使学生对教学本身发生浓厚兴趣；同时又要考虑到人的主观因素，严格要求学生，教育学生以顽强的意志去克服困难，这样教学质量才有保证。

（7）灵活回答学生的提问。提问，不仅是教学的需要，也是控制好课堂纪律的需要。如果是教学需要，提问肯定要精心设计，而在课堂上如果纪律出现问题，也可随机提问。对于爱走神的学生，提问是提醒；爱讲话的学生，提问是警告；爱睡觉的学生，提问是惩罚。利用好提问，充分调动学生参与教学巩固课堂纪律。学生的回答正确的要给予肯定、表扬，但要暗示其专心听讲。

对于回答不知道或者回答不正确的，不要轻易放过学生，否则达不到警告或惩罚的目的。对策是可以循循善诱，从更容易理解的角度提问，或是给予提示，让每一个站起来的学生都要开口。

学生回答中可能出现离题的情况，离题万里肯定不好，但是如果可以借题发挥的话，新教师不要怕影响课堂纪律或教学进度而一棍子打死或者马上将学生引回主题。

这种情况下，引导得好能够激发更多的智慧火花，还能够营造民主的课堂氛围，从而优化课堂纪律。例如在讲述八年级关于国家保护未成年人的生命健康权，提问为什么国家禁止使用童工，有学生回答的是为什么社会上会有童工。抓住这个机会让学生讨论，进而再抛砖引玉提出应如何解决童工现象的问题。学生围绕这个话题积极发言，教育效果显著，课堂纪律也优良。

（8）与班主任建立"联盟"关系。在学生心目中，班主任的威信是毋庸置疑的。新教师可与班主任建立亲密的"联盟"关系，借助班主任的力量来搞好课堂纪律。可经常向班主任反映该班上课的情况，包括好的和不好的。只反映不好的情况，别说学生不爱听，就是班主任也反感。发现好的现象及时反馈，班主任更乐意帮忙。一些棘手的问题，可让班主任帮忙解决。

当然，并不是说事无巨细都要班主任出面，这样反而让学生认为这个老师无能，适得其反。学生看到这个科任老师和班主任关系不错，怕老师随时会告状，上课时候就不敢捣乱。

可以说，每一个新教师都要经历一段磨练，才能更好地掌握教学工作。所以新教师必须不断总结经验教训，尽快地提高业务水平，成长为一名优秀的人民教师。

新老师上课的注意事项

（1）所教东西尽量与最近最新鲜的例子和应用联系起来，有利于学生有更感性的认识，学习得有目的性，可调动其兴趣，愿意学习。

（2）所写黑板的板书列本部分标题后，在旁边黑板上画图或表，每讲完此部分后把详细部分擦掉，把大标题留下，最后上完课后黑板上整齐的留下本节课所讲内容的骨干大纲。如此显得教师讲课有条理性，一切尽在掌握。且有利于给学生总结，到底哪一部分是基础，哪一部分是重点，或是难点，有利于告知学生重点难点。

（3）比如声音适中，但在重点难点时要有变动，总是一个音量容易使人疲倦；当讲到难点重点时，加以强调，引起学生重视。

（4）讲课时面向学生，不可只看黑板。观察学生（听课教师）

的反应，适当调整讲课节奏和增删例子；若可以，综合使用各种教学手段，比如讲程序时使用幻灯片，讲综合知识时使用 PPT，对知识点具体讲解时可在黑板板书，可控制好教授速度，易于学生接受，各种教学手段交叉使用，给予了学生新鲜感，也易于其集中注意力。

（5）有可能的话，对学生进行提问等形式的沟通交流，有利于活跃课堂气氛；或是自问自答，引起学生好奇后给出答案，有利于增加学生印象；从容，自信，对所讲内容熟悉，对其他相关课程或是研究进展之类有很多了解，能够给学生很多新鲜知识，让学生产生信任感。

（6）教课过程中，注意多讲些例子，使知识比较形象，易于理解和接受，并有深刻的印象；刚上课的前六分钟学生（教师也一样）的注意力不是最佳状态，不适宜学习新知识，尽量微笑，进度可稍缓；试讲选取内容不宜多，一个问题讲清楚就好；课后跟听课教师交流，表明自己经验不太足，但表明足够的敬业精神，对教学感兴趣。

22. 教育违反纪律孩子的措施

作为父母，你们要自问，你们平时违反纪律吗？你们违反了纪律，希望别人如何待你？孩子的思想正处在发展阶段，对任何的事情都有好奇心，因此会做出许多令家长不能认同的事来去探索，孩子的发展特性决定了孩子违反纪律是经常的事情。

但是面对违反纪律的孩子家长的作法却不能让人苟同，打骂是常有之事，但是这样真的对孩子有好处吗？要怎么惩罚孩子才适当呢？

在现实生活中，父母给孩子们的鼓励、支持和谆谆教导实在太少，而责骂、嘲讽和惩罚的次数却往往很多。有的父母奉行"孩子不打不成器"或者"棒头出孝子"的信条，使一些孩子几乎都在指责和漫骂声中成长；有的孩子还不时地忍受着父母施予他们的罚站、罚跪或者殴打等体罚。诚然，大人惩罚孩子的目的是为了帮助他们认识自己不当的或者是错误的言行，促使他们立即改正；可是惩罚是压力教育，对孩子来说，其结果往往是压而不服，更何况年幼孩子的心灵是非常柔弱的，惩罚只会使他们产生惧怕，引起自我防护的叛逆心理。所以，惩罚不但不能唤起孩子们的良知，而且还侮辱了他们的人格，也严重地影响着孩子们的身心健康。尤其是不适当的惩罚对孩子造成的伤害是不可估量的。

但是不可否认，惩罚对孩子的教育有一定的帮助，但是这是在合理运用惩罚的基础上。要遵循不轻易惩罚孩子的原则。

惩罚孩子的艺术

惩罚孩子是一门艺术，要做到以下几点。

（1）惩罚的"量刑"要适当。惩罚孩子的目的自然是为了引起孩子的良性转化，那么惩罚的"量刑"就必须合乎孩子的行为。惩罚过重容易引起孩子的对抗情绪，太轻了又不足以使孩子引以为戒。因此惩罚孩子要以达到目的为原则，既不能轻描淡写，又不能小题大做滥用"刑罚"。大教育家洛克说过"儿童第一次应该受到惩罚的痛苦时候，非等完全达到目的之后，不可中止；而且还要逐渐加重"，其中的道理耐人寻味。

（2）指明"出路"不含糊。惩罚孩子不能半途而废，应要求受罚的孩子作出具体的改错反应才能停止。家长要态度明确，跟孩子讲清楚他应该怎么做、达到什么要求或标准，否则有什么样的后果。如孩子有乱丢东西、不爱整理的习惯，家长在惩罚时就应该让其自己收拾好东西、整理好玩具，使其明白必须要做好，否则又要受罚。家长千万不能含糊其词甚至让孩子"自己去想"。家长不给"出路"，孩子改错就没有目标，效果就不明显。

（3）罚了又赏要不得。父母教育孩子要相互配合，态度一致，赏罚分明。该奖时就要郑重其事甚至煞有介事地奖，让孩子真正体会到受奖的喜悦；该罚时也应态度明确、措施果断，让其真正知道自己错之所在。只有这样，才能培养孩子明辨是非、知错即改的品行。如果在对孩子实施惩罚之后，父母中的一方认为孩子受了委屈，随即又用钱物或食品来安慰他，这将会使惩罚失去作用。实践证明：惩罚———奖励———惩罚的恶性循环会使孩子产生认知偏差，错误地将犯错和受奖联系起来，从而使惩罚归于失败。

教育孩子的方法

当然，面对违反纪律的孩子，惩罚不是主要手段。要教育好违反纪律的孩子，要做到以下三点：

（1）用平常心看待违反纪律的孩子。好动、好奇是孩子的天性，思维简单、目光短浅、冲动、单纯、善良是孩子的特点。孩子的个性特点决定了他们看问题比较简单，做事情不会深思熟虑、纵横衡量。在一定外界因素的刺激下，他们会做出一些出人意料的、草率的、不合规定的行动来，这就是违纪。所以孩子在学校违反纪律是很普遍的事情，也是很正常的现象。

（2）用正确的方式教育违反纪律的孩子。当孩子违反纪律的时候，如果我们能用平常心来看待，冷静下来，细心分析，我们就能采取适当的方式来教育孩子。教育孩子的方式有很多，不同的情况要采取不同的方式。但不管采取什么方式，我们都要做到尽量不要伤害孩子的自尊心，尽量保存孩子的颜面。如果不这样，而采取讽刺、挖苦、体罚，或者让孩子当众出丑等方式来处理的话，那非但不能取得好的教育效果，反而会打击孩子的自尊心、自信心，严重的还会使孩子产生逆反心理，甚至破罐破摔。如果真是这样话，那这一个孩子也就完了。

好孩子是教出来的，坏孩子也是教出来的。只不过好孩子是用正确的方式教出来的，而坏孩子是用不适当的方式教出来的罢了。孩子违反纪律，大部分都是在偶然的情况下发生的，可能是因为一时的贪玩、一时的冲动造成的。孩子违纪以后，他们自己也会有一个内省的过程。在他们自我反省的基础上，父母如果能够因势利导、晓之以理、动之以情，孩子们都是能够接受教育、改正错误的。如果采取极端的做法，让孩子在众目睽睽之下检讨或示众，那只会严重打击他的自尊心和自信心，也在众人面前给他贴上一个坏孩子的标签，让他承受过重的心理负担，这样会让他信心全无、一蹶不振，或者破罐破摔、变本加厉。

（3）用耐心、恒心转化违反纪律的孩子。孩子的天性决定了孩子是会违反纪律的。孩子违反纪律并不可怕，可怕的是孩子违反纪律后我们采取不适当的方式教出坏孩子来了。所以，当孩子违反纪律时，在选择什么样的教育方式上一定要深思熟虑，而不能草率、冲动。孩子违纪具有反复性的特点，这一次违纪，教育好了，下次他还是有可能违纪。父母不能指望通过一两次的教育，就可以一劳永逸，从此孩子就不会再违纪了，这是不现实的。要真正转化违反纪律的孩子，教育好孩子，就要求父母要有耐心和恒心，要持之以恒地关注孩子、教育孩子，对孩子反复违纪也要不厌其烦，和风细雨。充分尊重违纪的孩子，保护好他们的自尊心，动之以情，晓之以理。只要有耐心和恒心，天下没有教不好的孩子。

孩子违反了纪律并不是什么不可饶恕的事情，作为父母要正确对待违反纪律的孩子。

（4）培养良好的作息制度。教孩子遵守纪律，最实效的方法就是将其融于生活的各个方面。培养孩子良好的作息制度就是一个重要的途径，只有从这些小的规定做起，才能使孩子的纪律意识得到强化。

或许你常常纳闷，孩子已经玩了一整天了，怎么都不累啊？体力好像比大人还好呢！晚上老是三催四请还不肯睡，不但累坏爸妈，而且还可能影响到第二天上班精神，实在是很伤脑筋。让孩子早睡早起虽然是最理想的情况，但执行起来却颇为困难。

造成孩子作息不正常原因包括：

（1）白天睡太多，晚上不易入眠。对于开始学习独立的婴幼儿而言，玩耍、嬉戏是最快乐的事，再加上好奇心，以及对外探索的新鲜感，他们经常会玩得不亦乐乎！

因此记得让孩子在白天多玩玩，午睡别睡太久，天气好则去散步、走走，从下午玩到吃晚饭后，洗个澡、听个故事或童谣，小宝宝便会开心的和爹地及妈咪拥有一个温馨的夜晚。

（2）父母作息不正常。由于现代父母"夜猫子"不少，常常工作或玩乐到三更半夜，自己晨昏颠倒的作息，相对地也打乱了孩子正常的睡眠时间，孩子睡得晚，早晨自然就会起不来。

此外，倘若父母习惯在睡前与孩子玩耍，使其精神属于亢奋阶段，孩子便不容易入眠，也因而导致隔天爬不起床的情况。

（3）周末父母影响孩子。有些孩子从小跟着外婆或奶奶长大，或者二十四小时托育在保姆家，父母亲可能要周末、假期，甚至年节才能与小娃娃见一次面，亲子相聚好像渡假般。

父母亲因为偶尔才能克尽亲职，总是心怀愧疚，因此每次见面都是玩具、糖果、饼干，尽量地讨好孩子，有些孩子会因为期待父母的出现，或因父母离去的不舍，而出现生活作息失调的现象。

这样情形通常会引起照顾者的反感，觉得父母亲的探视，往往得让他花上好多时间，才能把幼儿的生活作息调整回来，因此如果你的小宝宝必须长时期与他人共同生活时，做父母的应注意一下自己的行为，是否反而制造了孩子作息上的困扰。

有的父母在孩子深夜伏案用功的时候，常常感到十分欣慰，却忽视了长期晚睡晚起，会使孩子的学习效率下降。大脑生理学研究证实，高效的学习时间，小学生大约持续40分钟，初中生为45分钟，高中生为50分钟，长期疲劳战必然会事倍功半，甚至损害大脑。家长要帮助孩子控制适宜的学习时间，保证孩子八小时以上的睡眠。

要求孩子按时完成作业，是家长培养孩子作息制度时不可忽略的一项任务。有的家长认为孩子的作业由学校来管，与家长没多少关系，为孩子买电脑却不懂得监督孩子正确使用电脑，以至电脑变成孩子看黄色电子出版物的工具而家长还一无所知。所以，家长在对孩子进行物质投资的同时也应配合相应的时间投资。孩子的作业一般分为复习类和预习类，我们更赞成家长培养孩子先复习，后下笔，最后预习的习惯，预习作业常被家长忽视，其实指导孩子花一定时间预习，有助于孩子在第二天的课堂上学得更好、更快。

只要引导得当，孩子是可以学会合理安排作息时间的。不过，由于他毕竟还是孩子，玩性大，做事没什么计划性，家长还是应该要进行适当的辅导，比如让他事先列一个作息时间表，并在实施过程中给予必要的提醒（提醒的度很难把握）。从小依赖惯了，要培养他的独立能力，需要有个循序渐进的过程。

尊重孩子的作息规律，并逐步适应、调整，不要轻易因为大人的事情而打乱他们的规律。掌握了孩子的作息规律以后，父母还要去逐步适应这些规律，一旦规律形成，就不要轻易去打乱它。大人有些时候想带孩子出去玩，一定尽量利用孩子睡醒后的时间，不要选在孩子本应该入睡的时间去。

最后，父母要养成良好作息制度。可以试想，如果父母经常打麻将到半夜，孩子如何能不受影响呢？轻者可致使孩子的作息不正常，重者还可能使孩子染上不良的习惯。不得不引起注意。

第二章

学生遵守法律教育的理论指导

1. 法的内涵和起源

法的内涵

法是人们社会行为规范的一部分。在任何社会里，制约和调整人们相互关系的社会行为规范都不只一种。例如在阶级社会里，除了法的规定外，还有政治规范、宗教规范、社会风俗和团体的章程等，它们都与法同时存在，并且各自在一定范围内，对人们的社会行为起着普遍的制约和调整作用。所以说，法只是人们社会行为规范的一部分。

法是一种特殊的社会行为规范。虽然法是人们社会行为规范的一部分，但是，同其他的社会行为规范，如政策、章程、道德、习俗等比较起来，法又是一种特殊的规范。

首先，法与国家密不可分。法是由国家制定的。而其他行为规范例如道德、习俗，是在一定的物质生活条件的基础上，在人们的意识中自然形成，并且经过世代相传，为社会成员所认可的，它们的产生同国家没有直接关系。有些规范，例如政党政策、社会团体的章程等，是由这些政策和团体自行制定的。

其次，在一个国家里，法的阶级性是统一的。法的规范，是特定的国家机关按照统治阶级在政治、经济等方面的根本要求和利益制定的，在一个国家里，法在阶级性上是统一的，从根本上说，它只反映或体现统治阶级的意志。

最后，法是由国家强制力来保证实施的。法与其他社会规范不同，它有着特殊的强制性，这种强制性的维持和实现，是以军队、警察、法庭、监狱等所体现国家权力的暴力机关作为后盾的，违犯国家法律的行为，一般都要受到相应的法律制裁，这种制裁是由国家强制力来保证实施的。

综上所述，可以看出，法是由国家制定，反映统治阶级意志，依靠国家强制力保证实施的，用来调整人们在社会生活中相互关系的行为规范。

法的起源

法虽然是作用于人的社会行为规范，但它却不是与人类同时诞生的。自从原始人发明用火、完全脱离动物界进入人类社会，到现在已经有大约几十万年的历史，而法只不过是在三、四千年前，随着奴隶制国家的出现才产生的。

在原始社会，没有制定的社会行为规范，也没有法。个人与个人、个人与民族、民族与民族之间的社会关系，主要是靠在长期的劳动、生活过程中逐渐积累形成的习惯来调整。这种习惯规范，体现了全体社会成员的共同利益和意志，它的作用不需要任何特殊的强制，而是靠人们的自觉遵守，靠社会的舆论、靠民族首领的威信和传统的力量来保证实现的。

到了奴隶社会，奴隶主阶级为了维护自己占有生产资料，强制奴隶劳动和独吞劳动产品的社会秩序，镇压奴隶对这种秩序的反抗，一方面逐步建立起了包括武装力量、监狱法庭等暴力机构在内的国家机器，组成了国家；另一方面，也迫切需要只反映自己一个阶级的意志和利益的新的社会行为规范，这样，法也就应运而生了。

最早出现的法的规范，主要是经过奴隶主阶级改造过的原来的一些习惯。这些习惯最初没有文字的表现形式，称为不成文法，后来，连同奴隶主阶级制定的一些法的规范一起，运用文字形式记载下来，才转化为成文的法。综上所述，法是随着私有制、阶级国家的产生而产生的，也就是说，随着生产力的发展和私有制的出现，引起了以生产关系为基础的社会关系的变化，进而引起了整个上层建筑，包括调整人们社会关系的社会规范的变革，旧的社会规范——习惯，被新的社会规范——法所取代了。

2. 法的本质和作用

法的本质

法的本质问题，是法的最基本，最复杂的问题之一。弄清法的本质，对于我们认识无产阶级和劳动人民为什么要反抗和通过革命废除剥削阶级的法，以及为什么要严格地，自觉地遵守社会主义的法，有着重要意义。

关于法的本质，包括以下几方面的内容：

第一，统治阶级的意志必然表现为法。在阶级社会里，不同的阶级有着不同的阶级意志，敌对阶级之间的阶级意志，甚至是互相对立的，互相排斥的。某个阶级只有在国家中居于统治地位的时候，它在政治、经济等方面的意愿，走向和要求，即它的阶级意志，才能以国家法律的形式表现出来；同时，统治阶级也只有通过国家权力，把自己的意志提升为法，或者像马克思、恩格斯所说的"奉为法律"，取得普遍遵守的形式，把人们的行为都纳入有利于自己阶级的社会关系和社会秩序的轨道，才能发现违法违纪的"越轨"行为时，用国家的强制手段给予制裁。

第二，法是整个统治阶级的意志，而不是统治阶级中个别成员、阶层或集团的意志。马克思曾经指出：统治阶级"通过法律形式来实现自己的意志，同时使其不受他们之中任何一个单个人的任性的左右。"他还说："法律应该是社会共同的，由一定物质生产方式所产生的利益和需要的表现，而不是单个人的恣意横行。这就是说统治阶级当中的任何成员，都要按照整个阶级的意志行事，在法律所允许的范围内活动。

第三，法是统治阶级意志的表现。这种意志是从哪里来的，或者说是由什么决定的呢？是由这个阶级所处的物质生活条件，包括生产力水平，生产关系状况和产品交换方式等决定的。这表明，任何一个统治阶级都不能离开它本身所处的物质生活条件，随心所欲地想立什么法就立什么法，或者在法里想规定什么就规定什么。这还表明，随着统治阶级的物质生活条件的发展变化，统治阶级意志的内容，以及表现这种意志的法，也必然要发展变化。总之，法的本质就在于法是国家整个统治阶级意志的表现，它不受这个阶级中个别人的意志所左右，统治阶级的意志是由他们所处的一定的物质生活条件决定的。

法的作用

法是一种极为复杂，极为重要的社会规范，它在人类社会发展的历史上，有着广泛的、不可替代的作用。总的来说，法是统治阶级维护其政治、经济、思想、文化上的地位和利益的工具。法在政治上的作用主要表现在三个方面：

第一，镇压被统治阶级的反抗。

法是统治阶级制定的，它要把被统治阶级成员的行为和活动，控制在统治阶级的利益所许可的范围内，迫使他们服从现在的政治、经济关系和社会秩序，如果被统治阶级进行反抗和破坏，统治阶级就会搬出法作武器，来制裁他们。

第二，调整阶级内部的关系。

在统治阶级内部，虽然各个不同的阶层、集团和个人的根本利益、根本意志是一致的，但他们之间也有着这样或那样的矛盾，一些成员还会做出危害社会的行为。在这种情况下，统治阶级为了解决这些矛盾，增强内部团结，更好地维护自身的整体利益，就用法来规定和调整其内部各阶层，集团和个人之间在政治上、经济上的关系。

第三，统治阶级还用法在国内调整它与同盟阶级的关系，在国外调整它与同盟国之间的关系。

法在经济上的作用表现在：

第一，确认统治阶级对生产资料的所有权，剥削阶级国家的法律都明确规定，私有财产神圣不可侵犯。社会主义国家也用法律确保生产资料的公有制，巩固自己的经济基础，发展社会主义经济，为提高人民的物质文化生活水平服务。

第二，维护有利于统治阶级的经济秩序，无论是剥削阶级国家，还是社会主义国家，都运用法律手段，通过调整人们在生产、交换、分配、消费领域里的各种关系，来维护有利于统治阶级的经济秩序，保障经济的发展。

法除了在政治、经济方面的作用外，还应提到的是，统治阶级用法来管理整个社会的公共事务，如科学文化、卫生保健、交通运输、保护自然环境和自然资源，利用宇宙空间等等。法的这方面的作用，固然有益于社会的每个成员，但归根结底还是有益于统治阶级的长远的和根本的利益。

3. 社会主义法制的基本要求

中国共产党十一届三中全会，总结了我国多年来法制建设的历史经验，根据新形势的客观需要，提出了必须加强和完善我国社会主义法制，做到"有法可依、有法必依，执法必严、违法必究。"这是对社会主义法制基本要求的科学概括。它包括了法制活动的全过程：从法律的制定，法律的遵守和执行到法律的制裁。完全实现这些方面的要求，就能够充分有效地发挥社会主义法制的威力。

实行法制，首先必须有法。如果没有法，那就根本谈不到法制。有法可依，就是指要立法，要制定各种法律和规章。有法可依是有法必依、执法必严、违法必究的前提。无法可依，就谈不到"必依"、"必严"和"必究"的问题。随着我国改革开放和现代化建设的不断深入，我国的法制建设也取得了很大成就，初步确立起了适应社会主义市场经济的法律框架体系，随着我国市场经济的不断发展，还需要制定许多与市场经济相适应的法律、法规，立法工作任重而道远。

立了法，并不等于就算有了法制，更为重要的，是要有法必依。法律制定以后，就必须坚决付诸实施，真正使它成为全体人民的行动准则。如果有法不依，那么，法制制定得再多也等于零，而且会失信于民，直接影响到党和国家的信誉。因此，有法必依，是加强法制的关键。

有法必依，包括执法和守法两个方面。这就是说，有法必依，首先表现在一切国家的机关和工作人员在自己的工作中要严格执行和遵守宪法、法律和一切规章，依照法律办事。对司法机关来说，就是审理案件，必须依照"以事实为根据，以法律为准绳"的原则办事，独立行使职权，只服从法律。其次，有法必依也表现在每个公民都必须严格遵守法律和制度。

法律制定后，只有认真地遵守和执行，才能有效地发挥作用。要做到这一点，就不仅要做到有法必依，而且还要做到执法必严，违法必究。

有法不依，等于无法；执法不严，实际上也等于无法。所谓"执法必严"，并不是说要搞严刑峻法，多捕重判，而是要求司法机关必须严格遵照法律和规章办事。执法必严，首先必须尊重客观事实。只有在弄清事实的基础上才能严格依照法律规定进行正确处理。其次，就是在司法实践中，定罪、量刑、刑罚轻重，以及办案程序等方面，都必须依照法律的规定，而不受行政机关，团体和个人的干涉。司法机关是执法的专门机关，肩负着人民的重托，只有不畏权势，不徇私情，严于执法，才能有效地保护人民，准确地惩罚犯罪，忠实地履行党和人民所赋予的神圣职责。

"违法必究"，就是对一切违法犯罪行为都必须认真查究，依法惩处，对谁也不能例外。所有公民，不论是党员还是群众，是一般干部还是领导干部，也不论社会出身，政治地位、宗教信仰如何，在法律面前一律平等，坚持违法必究，在运用法律上一律平等，是一项重要的社会主义法制原则。只有严格执行这项原则，才能有效地反对个人特权，才能保证法制的统一性和严肃性。

有法可依、有法必依、执法必严、违法必究，作为社会主义法制的基本要求，是相互联系、相互制约，统一而不可分割的几个方面，不能片面地强调某一方面，而忽视其他方面。历史的经验证明，只有切实做到有法可依、有法必依、执法必严、违法必究，才能维护正常的社会秩序、工作秩序和人民群众的生活秩序，巩固和发展安定团结的政治局面；人民的民主权利才能得到保证；才能更好地发挥社会主义制度的优越性，进一步巩固人民民主专政；才能有利于调动一切积极因素，有秩序地进行社会主义现代化建设事业。

4. 学习法律常识的意义和方法

新中国成立后特别是党的十一届三中全会以来，我国不仅对立法工作十分重视，而且在群众中反复进行法制宣传教育，号召有接受能力的公民，都要学习社会主义法律常识，并于 1986 年开始实施了"五普法"和"二五普法"工程，取得了显著成效。为什么党和国家向公民提出学法、普及法律常识呢？如何学好法律常识？

为什么要学法

公民学习法律常识是具有非常重要的意义的。可以从以下几个方面来说明：

第一，学法才能知法、懂法、用法。

我国社会主义法虽然从本质上来说是工人阶级领导的全体人民意志的体现，是人民自己手中的工具和武器，而且，在制定过程中，立法者也尽量注意到使法律通俗易懂。但是任何公民要真正能做到知法懂法，也还是要经过较长时间的努力学习。随着我国社会主义法制建设工作的不断深入，国家颁布的法律的数量越来越多，人们不是轻而易举就能掌握的，而且法律条文里边包含的自然科学等方面的知识也比较丰富，因此给学法者理解方面也带来了一定困难。因此，人们要更好地做到知法、懂法，就非得尽可能地掌握法律里所包涵的丰富的科学知识，弄明白有关的术语、词汇的基本意思不可，而要做到这一点，没有别的途径，只有花费一定的时间和精力去认真学习。

另外，随着我国社会主义法制的不断健全和完善，法律影响社会的广度和深度都在发展，"用法"成了人们的迫切需要。然而，现实生活中，许多人需要用法律来保护自己的时候，却不知道用法，不会用法，法律意识相当淡薄。主要原因是他们还不知法、不懂法，或知法不多，懂法不深。解决这个问题的办法只有一条，那就是积极响应党和政府的号召，认真学习法律常识，逐步做到知法、懂法，并且学会用法。

第二，学法才能培养社会主义法律意识。

法律意识也称法律观，它是人们关于法律的情感、信念、观点和思想等的总称。社会主义法律意识，是一种崭新的无产阶级的法律意识。作为社会主义国家的公民，除了应该具有忠于祖国和人民，贯彻执行党和国家的方针、政策，积极投身改革，努力为四化做贡献的政治意识外，还应该逐渐培养自己的社会主义法律意识，这也是非常重要的。公民的社会主义法律意识提高了，他们热爱和拥护我国现行法律的情感，信念才能加深，并且由自发上升到自觉。他们对我国现行法律的一些基本问题的认识，也才能逐步科学化、系统化，同时，他们用法律维护自己的合法权益，规范自己在劳动、工作、生活中的所作所为，同违法现象作斗争，以及遵守法律，保证法律实施等观念，也才能不断增强。这不仅对保护国家、集体和公民个人的合法利益，巩固安定的社会秩序，而且对维护社会主义法律的尊严和权威，都具有巨大意义。

第三，学法是做到守法的必要前提。

大家知道，社会上经常发生一般违法行为和犯罪行为。出现这种情况的原因是多方面的，其中很重要的一条，就是许多人从来不学习国家各项法律，因而也就根本不知法、不懂法，违了法甚至犯了罪，自己还不知道究竟。例如，杀害自己的孩子，砍伐国家森林，滥捕乱杀飞禽走兽，私拆别人信件，偷听别人电话，虐待迫害部属等等类似的违法犯罪现象，却不认为是违法犯罪的人不在少数。

可见，不学习国家法律，没有法律常识的人，就不会有自觉守法的观念，就难免做出违法以至犯罪的事情来。所以我们要想做一个知法、懂法、自觉守法的好公民，必须要学习法律常识，把学法、增强守法观念列入自己的议事日程，作为自己生活中一项不可缺少的内容。

怎样学习法律

学习法律同做其他任何事情一样，光有热情是不够的。如果没有明确的目标，适当的内容和正确的方法，那么，人们学法的热情就不会持久，要取得显著的成绩也是困难的。

第一，明确学法的目的。

学习法律常识不只是关系到公民个人的事情，而且是我国民主和法制建设的迫切需要，是我国改革开放和现代化建设的客观要求，它对于促进我国社会主义物质文明和精神文明建设，维护社会稳定和国家的长治久安，都具有重大的现实意义和深远的历史影响，因此，每个公民都应把学法的目的同建设富强、民主、文明的社会主义现代化的伟大目标联系起来。学法的目的明确了，人们才能有长久的学习热情，也才能有克服困难的勇气和信心，这是学习法律常识的思想基础。

第二，选定适当的学习内容。

由于公民之间的文化程度，职业等方面的条件不同，因而，大家学习法律常识的内容也应有所区别。但是，我国的宪法、刑法、刑事诉讼法、民法通则、民事诉讼法、婚姻法、继承法、经济合同法、教育法、兵役法、未成年人保护法、妇女儿童保护法、治安管理处罚条例等与广大人民有密切的关系，大家都应当学习这些法律。

第三，要先学好宪法。

宪法是我国的根本大法和国家的总章程；宪法是我们国家整个法律体系的基础和核心，它包含了各个部门法律的基本精神和基本原则。特别应该强调的是，宪法明确规定了坚持共产党的领导，坚持社会主义道路，坚持人民民主专政，坚持马列主义、毛泽东思想的四项基本原则，是我们在当前和今后长时期内反对资产阶级自由化和国际敌对势力的"和平演变"，维护社会稳定的强有力的法律武器和思想武器。

学习宪法必须明确宪法的地位和作用，我国的国家性质、政治制度和根本任务，公民的基本权利和义务，国家机构的组织、职能及活动原则，国旗、国徽、首都等。并且懂得维护宪法尊严，保障宪法实施是每个公民的神圣职责。第四，采取正确的学习方法。

公民学习法律常识，在方法问题上，要注意从具体条件出发，做到几个"结合"。即把学习法律条文与学习法律基础理论结合起来；把学习法律常识同学习文化结合起来；把学习法律常识的多种形式结合起来。学习法律的形式多种多样，主要有学习法律原文，经常看有关法律的报刊、杂志、书籍，听法律宣传讲座，听广播、看电视、参观展览等。

总之，在全国普及法律常识的今天，学法的途径是多种多样的。每个公民应根据自己的文化程度、工作性质、时间安排等具体条件，尽可能地把各种学习形式结合起来，争取学好，努力做一个学法、知法、守法的好公民。

5. 民主与法制在班级管理中的作用

怎样把一个班级管理的井然有序，在各项工作有条不紊地开展同时，又能使班级具有活力和凝聚力，这是每一位班主任追求的目标。要想实现这一目标，班主任在日常班级管理中首先要树立学生的主体观念，在发扬民主管理班级作风的基础上，要有明确管理班级的计划，并要建立一套完善的治理班级的"班法班规"。以下笔者将谈一谈当班主任的一点个人经验。

要做一个民主型的班主任

班主任一般可分为三种类型，一是大权独揽型，二是放任自流型，三是民主型。

（1）大权独揽型班主任的特点。面孔威严，在学生面前说一不二，经常大声地训斥犯错的学生。这种类型的班主任所管理的班级必然是一个专制型的集体，生活在这样集体里的学生情绪紧张，防范意识强，在班主任面前老老实实，好像是一个听话孩子，一旦背离班主任就换成了另一副面孔。久而久之，班集体造就了一批阳奉阴违的小"阴谋家"。

（2）放任自流型班主任的特点。班级管理目标不明确，同时缺少班级管理的好办法。在班级出现问题时，敷衍了事，得过且过。这种类型班主任管理的班级，学生的纪律涣散，违反校规的现象时有发生。

（3）民主型班主任的特点。有完整的治理班级计划和具体办法，也就是前面所说的治理班级的"班法班规"。在制定这些"班法班规"时，鼓励学生大胆参与，让学生有表达自己建议，参与班级管理的机会，使学生创造力得以充分发挥。这样出台的班级"法律法规"符合学生生理和心理特点。所以管理好班级首要条件是班主任要做一个民主型的管理者。

班级要以民主程序"立法"

依法治班是管理班级最好的方法。这里的"法"是一系列班级规章制度。在我班就建立这样一套"班法班规"，如《班长的权利与义务》、《生活委员的工作职责》、《体育委员的工作职责》、《文艺委员的工作职责》、《学习委员的工作职责》、《团支部书记工作职责》以及违规违纪处理条例等。制定这些"法律"时要讲民主，要认真听取学生的建议，并要求当事人主动参与制定。我班在制定《班长的权利与义务》时，班主任给出一个框架，班长本人拿出初稿，经过必要的修改后，再召开班级听证会，广泛听取其他同学意见后再做修改，最后形成定稿，并张贴在班级专栏里。这样班长在

95

管理班级时就有了"法律"依据。其余的"法律"制定的程序基本相同。由于"立法"民主，会使学生感到：班规班纪我制定，班规班纪我遵守。下面是我班同学制定的部分"法律"。

（1）班长的工作权利和义务

①负责班级各项工作的开展。

②做好班主任的助手，及时传达、落实学校及班主任对班级活动的要求。

③当班主任不在时，要代行班主任职责。

④有权对违反班规班纪的同学给予批评教学，必要时上报班主任。

⑤有权对表现好的同学给予表扬，并上报班主任。

⑥负责组织班委会成员开展各项工作。

我班班委会常务委员除班长以外，还设置了生活委员、体育委员、文艺委员、学习委员、团支部书记各 1 名。另外按学号每位学生轮流当一天值日班长。

（2）值日班长的职责

①负责当日的课堂纪律，注意观察上课有无讲话、玩手机等影响课堂纪律的不良现象，如果有，请及时予以制止并记录。

②对当天迟到、早退现象予以记录。

③协助卫生委员，带领值日生搞好当日的卫生工作，每天要使班级、寝室窗明几净，一尘不染，对在值日中表现好的和不好的学生都要予以记录。

④协助体育委员组织学生做好晨练、课间操、眼保健操，对迟到、不认真做操者予以记录。

⑤协助文艺委员组织学生唱国歌、校歌、班歌。

⑥工作结束后，写一份工作小结交给班主任。

（3）文艺委员的职责

①负责班级的文艺活动，组织学生积极参加学校各项文艺活动，并争取获奖。

②每天早晨组织学生唱国歌，中午、下午、晚自习利用课余时间组织学生唱校歌、班歌，对在唱歌时迟到、表现不认真者有处罚权。

③每两周教唱一首新歌，新歌的内容要健康向上。

④负责班级迎"国庆"、"元旦"文艺节目的编排和导演工作。

以上是我班部分的"法律"，为了使这些班干部更好地依法开展工作，还制定了一些设施细则和违章处罚标准。这些构成了我班一套完整的班级"班法班规"体系。

班级管理要有法必依，执法必严

再完善的法律，如果执法不严，也只是一个摆设。所以严格执法是班级管理的重中之重。严格执法要建立监督体制，我班的监督体制是：班主任、普通学生督促班干部带头遵守班规班纪；班干部监督同学；班干部之间互相监督。使班级所有学生，无论是干部还是学生在"法律"面前人人平等。在处理班级事务时"法"说了算。现就举出我班依法治班几个小例子。

（1）班长依法办事的事例我校每周进行一次大扫除，大扫除结束后，学校要组织一批人员到各班级的教室和寝室检查，并打分。满分是30分。班规规定如果得分在28分以下要对有关人员进行处罚，有关人员首先是卫生委员。有一次，我班因教室窗台未擦干净扣2分，垃圾桶没有冲洗又扣2分，只得了26分。班长王莲根据班规处罚了生活委员刘佳同学，在班长和其他同学的监督下，刘佳同学整整擦了一个星期的窗台，洗了一周的垃圾桶，直到下次我班在卫生大扫除中得了满分才撤销处罚。而这两位平时关系很好，她们来自同一所初中，并且当时一直是同桌。

（2）文艺委员执法事例在激发人的热情和斗志方面，歌曲的力量不可小视，一首《义勇军进行曲》在抗战时，召唤了一批又一批工人、农民、知识分子走向战场，置生命于不顾，拿起武器，打击侵略者。所以为了激发我班同学的斗志，增强信心去克服困难，努力学习，班"法"规定：文艺委员每天要带领大家唱三支歌。如果在唱歌时有迟到者，或不严肃、认真者由值日班长记录，文艺委员有权对其进行处罚。处罚的方式是：等大家合唱完后，由受罚者一人独唱，直到文艺委员满意为止。一次中午唱歌时，张甜甜同学迟到了一会，按班规要接受处罚。可这位同学是一个害羞的孩子，唱歌好跑调，当文艺委员要求她在讲台上独唱时，她满脸通红，愣愣地站在讲台上不知所措。这时文艺委员灵机一动，带领大家一起鼓掌给她加油，并给她起了个调，她这才故作勇气，大声唱了起来。

班级管理民主与法制的关系

班级管理民主与法制是相辅相成的，民主是法制的前提。在我班主要体现在：

（1）班委会成员的产生民主。我班班干部产生首先是个人申请，经班主任初审后，申请人向全班同学发表演讲，由全班同学选举，被选举的同学试用期为三周，在试用期内，不合格者被淘汰，再重新选举。

（2）班级大事通过民主议事决定。对班级大事，像广播操比赛、校运会等，如何组织学生训练要由体育委员、班长在广泛征求其他同学的建议后，讨论定出方案，然后执行。

法制是民主的保障，班级实现了"事事都有法可依"，"人人都以法办事"，这样就避免了班级出现"特权阶层"。班主任、班干部、普通学生之间才能建立真正的平等关系，一个民主的、和谐的、积极向上的班集体就会呈现在班主任的面前。

如果坚持以"法"治班，当班主任是一种享受。

6．违法行为及其危害

违法与守法，这是两个在内容上截然相反的概念。在了解了守法的原因、含义及怎样做到自觉守法之后，再来看看违法行为及其危害，这对于我们更加自觉地做到守法，会有一定的借鉴和教育意义。

违法行为的含义和构成

一般说来，违法行为是指一切不符合国家法律所要求的，超出法律所容许的范围以外的活动。以行为的实质及其法律特征方面来考察，可以看到违法行为是由以下三方面的因素构成的。

第一，违法行为是违反现行法律规范规定的行为。我国制定法律的目的在于指导、约束和调整人们的社会行为，维护符合工人阶级和全体人民利益的社会关系。法律对人们行为的要求，是通过法律规范来体现的，所以法律规范所规定的行为的内容（即行为模式），就成了衡量人们的行为是否符合法律要求的标准或尺度。因此可以说，凡是违反了法律规范的规定，破坏了法律所保护的社会关系的行为，或产生了法律所禁止的行为，就是违法行为。

在认识违反现行法律规范的规定，是违法行为的重要含义和内容的时候，应该注意两点：

一点是，违法行为本身，可以通过积极的作为表现出来，也可以通过消极的不作为表现出来。积极作为，如书写标语、传单、行凶杀人、盗窃抢劫、无照驾驶机动车辆、以废品及次品充当正品向买方供货等等。消极的不作为，如对于年老、年幼、患病或其他没有独立生活能力的人，负有抚养义务而拒绝抚养；负有纳税义务的人，拒绝纳税；负有逮捕犯人职责的公安干警，拒不执行命令，等等，这些行为都是违法行为。

另一点是，人们的行为，不论是作为还是不作为，一般都要通过人们的思想活动，但是，单纯的思想活动，并不能构成违法。即使某个人确有要干违法事情的思想，比如想偷、想骗、想重婚等，但如果他没有实施这些行为，那么，就不能说他违法；只有当他把这种思想表现为外在行动时，才可能构成某种违法行为。因此，特别要注意思想问题和违法行为的界线。我国社会主义法制原则不承认思想犯罪。

第二，违法行为是行为人出于故意或过失造成的，即行为人主观方面有过错。人们的行为，一般都要受一定思想的支配。任何违法行为的发生，一般也都出于行为人一定的违法心理状态，是各不相同的。概括起来，可以分为故意和过失两种形式。

行为人明知自己的行为，会发生危害社会或危害他人的结果，而希望或者放任这种结果的发生，在这种心理状态支配下的违法行为，是故意违法。例如，为了谋财，持枪向身带巨款的人头部射击；为寻开心，向行驶中的公共汽车投掷石块或用猥亵的语言、举动调戏妇女等行为，都是故意违法行为。行为人应当预见到，自己的行为可能发生危害社会或危害他人的结果，但由于疏忽大意或轻信能够避免，而使危害结果发生了，在这种心理状态支配下的违法行为，是过失违法。例如，火车站报站员在值班时外出买东西，轻信能够及时返回执行任务，但实际并未能如愿而使列车相撞，造成事故，这种违法行为就是过失违法；又如某纳税人，由于疏忽忘记了纳税日期，而没能在规定的时间内将应纳税款缴入国库，这也是属于过失违法。

综上可见，凡是违法行为，都是由于行为人有故意或者过失的主观过错而引起的；如果行为人主观上没有过错，而不属于故意，也不属于过失，那么，他的行为就不是违法行为，比如，火车报道员，由于被匪徒捆绑而不能执行任务，造成事故，他的这种行为就非故意，也非过失，所以不能说是违法。

第三，违法行为人必须达到法定责任年龄和具有责任能力的人。

我国刑法中规定，已满 16 周岁的人犯罪，应当负刑事责任。已满 14 周岁不满 16 周岁的人，犯杀人、重伤、抢劫、放火、惯窃和其他严重破坏社会秩序罪，应当负刑事责任。已满 14 周岁不满 18 周岁的人犯罪，应当从轻或减轻处罚。精神病人在不能辨认或者不能控制自己行为的时候，造成危害结果的，不负刑事责任。间歇性的精神病人，对自己在精神正常时作出的行为，应负刑事责任。在民法中，18 周岁以上的公民是成年人，具有完全民事行为能力，可以独立进行民事活动，是完全民事行为能力人。16 周岁以上不满 18 周岁的公民，以自己的劳动收入为主要生活来源的，视为完全民事行为能力人。十周岁以上的未成年人是限制民事行为能力人，可以进行与他的年龄、智力相适应的民事活动。不满十周岁的未成年人是无民事行为能力人，由他的法定代理人代理民事活动。不能辨认自己行为的精神病人是无民事行为能力人，由他的法定代理人代理民事活动。不能完全辨认自己行为的精神病人是限制民事行为能力人，可以进行与他的精神健康状况相适应的民事活动。

在行政法中，如治安管理处罚条例规定，不满 14 岁的人违反治安管理的，免予处罚。

以上构成违法行为的三个方面的因素，是互相联系，不可分割的。在认定违法行为时，必须全面地、综合地进行分析，弄清一个人的行为是否具备构成违法行为所必须具备的上述三个方面的因素，这样才能正确地认定违法行为。

违法行为的分类

第一，刑事违法。在我国，犯罪主要可分为八大类：即反危害国家安全罪；侵犯公民人身权利，民主权利罪；侵犯财产罪；妨害社会管理秩序罪；妨害婚姻家庭和渎职罪。总的来说，犯罪是一切违法行为中最严重的一种，但不同的犯罪行为，对社会的危害程度又有轻重之分。

第二，民事违法。民事违法是指违反了民事法律、法规的有关规定，应当追究民事责任的行为。例如，非法占有、使用、处分或损坏了其他组织，个人的财产；与其他组织和个人依法签订经济合同后，不履行或者不完全履行自己的义务等等。

第三，行政违法。行政违法是指违反了国家行政法律、法规的行为。行政违法行为包括两种情况：一种是国家工作人员执行公务时的一般违法行为，例如，不服从上级决定、决议、命令，压制批评、打击报复；丧失立场、包庇坏人；腐化堕落，损害国家机关威信等等。另一种是社会组织和公民违反国家行政管理法规的行为，如公民违反治安管理处罚条例的规定，在城市任意发放高大声响，影响周围居民的工作和休息，不听制止等等，都是行政违法行为。

第四，违宪。宪法是国家的根本大法，具有最高的法律效力，是其他法律、法规的立法根据，因此，上述一般违法行为和犯罪，从原则上讲，也是违反宪法的，但这并不是特定意义上的违宪。违宪，一是指国家机关制定的法律、法规、决定、命令、决议，以及采取的措施与宪法的内容和原则相抵触；二是指主要的国家机关领导人，在行使职权过程中的行为与宪法的内容和原则相抵触。

违法行为的危害

对于违法行为的危害，可从以下几个方面来认识：首先，从政治方面来看。

第一，威胁我国人民民主专政的国家政权。在各种违法行为中，刑事违法——犯罪的社会危害性最大，而在犯罪行为中，又以危害国家安全罪为最严重。因为危害国家安全罪是以推翻人民民主专政和社会主义制度为目的的犯罪，是危害中华人民共和国的行为。社会上极少数敌对分子，为了实现他们的反革命梦想，采取各种形式进行破坏、捣乱。他们有的张贴标语、散发反动传单；有的组织反革命集团、持枪抢钱、阴谋上山"打游击"等等。

第二，破坏国家安定团结的政治局面。

安定团结的政治局面，是我们进行社会主义现代化建设的必要条件，而许多违法行为，特别是刑事违法行为，是对安定团结的直接破坏。危害国家安全罪的破坏作用，是严重而明显的，其他许多刑事犯罪，也在不同范围和不同程度上，破坏国家安定团结的政治局面的巩固和发展。

其次，从经济上看。我国的经济是以公有制为主体的社会主义经济。社会主义经济的发展是实现我国现代化和提高人民生活水平的物质保证。改革开放十几年来，我国经济得到了飞速发展。为了保障社会主义现代化建设的顺利进行，打击经济领域里的犯罪行为，国家颁布了一系列的法律法规，惩治了形形色色的经济犯罪，为国家挽回了巨大损失。比如，其他的一般违法行为和犯罪行为，也会给我国国民经济造成巨大损害。

再次，从精神文明方面看。党的十一届三中全会以来，我国在取得物质文明建设巨大成就的同时，十分重视社会主义精神文明建设。党的十四届六中全会通过的《中国共产党关于加强社会主义精神文明建设若干问题的决议》为新时期精神文明建设提出了任务，指明了方向。我国宪法也规定，国家通过多种形式，加强社会主义精神文明建设。然而，现在社会上仍然有那么一些人，视国家法律，法规于不顾，破坏社会主义精神文明建设，造成了极为恶劣的影响和严重的后果。例如制黄贩黄、屡禁不绝；有些地方，赌博盛行；吸毒贩毒，情况严重；还有些地方封建迷信死灰复燃、愚弄群众……这些违法犯罪行为，毒害人们思想，腐蚀人们心灵，败坏社会风气，是与社会主义精神文明建设水火不相容的。

7. 违法行为的发生及制裁

违法行为的发生

违法行为本身是复杂的，造成违法行为发生的原因也是复杂的。一般说来，违法行为作为一种社会现象，它的产生既有社会根源，又有客观原因和主观原因。任何一种具体的违法行为的发生，都是这些根源和原因综合作用的结果。

（1）违法行为发生的社会根源。为了论述方便，我们从违法行为中最为典型的部分——犯罪行为谈起。我们国家是社会主义国家，它本身并不是犯罪产生的社会根源。但是，为什么在我国还有犯罪现象呢？

犯罪是阶级社会的一种社会现象，它和法一样，不是从来就有的，也不是永远存在下去的。犯罪是人类社会发展到一定阶段，有了私有制之后，随着阶级和国家的出现而产生的，是人剥削人的私有制度的产物。我国现今仍有犯罪现象存在，从社会根源上讲，有这样两个方面：

一方面，我国虽然早已实现了对生产资料私有制的社会主义改造，早已消灭了剥削制度和剥削阶级，但是，一定范围的阶级斗争在我国还将长期存在，同时我国还处在复杂的国际环境中，少数敌

104

对分子以及国外某些敌视我国社会主义事业的势力，还会对我国进行颠覆、破坏活动。这是我国还存在危害国家安全罪以及放火、决水、爆炸、投毒、凶杀等重大刑事犯罪现象的社会阶级根源。

另一方面，解放前的旧中国，是一个半封建、半殖民地的国家，封建主义思想、资本主义思想和其他腐朽思想的影响，是极为广泛和深刻的。所以，封建主义的专制思想、特权思想、行邦思想、男尊女卑思想、迷信思想，以及资本主义的好逸恶劳、损人利己、尔虞我诈、唯利是图、享乐腐化等极端个人主义思想，还将在新社会里长期存在，并且不断地侵袭人们的头脑、腐蚀人们的心灵，这是产生贪污盗窃、抢劫诈骗、走私贩私、流氓团伙等一系列犯罪的重要原因，是我国还存在犯罪现象的思想意识根源。

（2）违法行为发生的客观原因。我们是历史唯物主义者，我们认为存在决定意识，人的违法行为也是在一定的社会环境里才能发生。所以某些不良的社会环境以及我们工作中一些环节的缺陷，都是影响和使得某些违法行为发生的客观原因。概括地说，当前我国这种客观原因主要有以下几个方面：外来资本主义腐朽思想及生活方式的侵蚀；社会主义市场经济体制的建立过程中，政治思想工作、法制宣传工作和各方面的管理工作、难以全面地、及时地跟上去；经济文化相对落后，不能充分保证青少年升学、就业；社会、学校、家庭在青少年教育工作中存在很多缺陷和薄弱环节；对违法犯罪行为的制裁，有时不够有力，不够及时等等。

应该注意的是，上述各种原因对于不同的违法行为和违法行为人的作用和影响是各不相同的，不可一概而论。

（3）违法行为发生的主观原因。违法行为发生的主观原因有目的动机方面的原因，也有法制观念方面的原因。

首先，目的动机方面的原因。为贪图不义之财，在种类繁多的

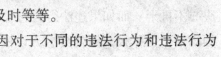

违法行为里，以贪图不义之财为目的的，历来都占有相当大的数量。社会上有这样一种人，他们信奉"人为财死，鸟为食亡"的说教，既好逸恶劳，又不顾自己及家庭的经济条件，一味追求物质享受。他们手里没有钱或钱不够用时，就想办法搞不义之财。好逸恶劳、追求享受、贪图不义之财，这是典型的资产阶级个人主义思想，这种思想同我国的社会风尚、共产主义道德以及法律的要求格格不入。在贪图不义之财的目的动机驱动下，走上一条违法甚至犯罪道路的人，在社会生活中屡见不鲜。

为泄私愤，图报复。这种目的动机往往是在以下情况下产生的：个人合法权益受到侵害时，感情冲动、一意孤行、图谋报复、酿成大错；在婚姻、家庭和恋爱关系发生波折时，不能够正确对待，而是采取泄私愤、图报复的做法，给家庭、给他人、给自己带来较大的痛苦；犯了错误、受到批评时，对批评者抱着愤恨、仇视的态度，进而采取非法手段进行报复；在自己的违法行为被揭发、检举时，产生怨恨、报复思想，等等。

违法后为逃避制裁。违法行为人在做出违法行为后，一方面因达到了自己的目的而产生一种满足感；另一方面，也往往因预感到违法行为所要产生的后果，以及担心受到制裁而紧张、恐惧。在这种情况下，如果违法行为人主观恶性不深，有悔改和重新做人的觉悟，那么，他就会从违法的路上往回走、或投案自首，或改邪归正，决心不再干。而如果违法行为人主观恶性较深，极端个人主义思想，顽固不化，那么，他就会想方设法逃避法律制裁，在违法的路上继续往下滑，干出嫁祸于人、提供伪证、销赃灭迹，捕后脱逃、甚至杀人灭口等一类新的违法行为。为寻求精神刺激，满足变态心理。社会上有些人，其中大多数是青少年，由于各种原因，他们没有正确的世界观和人生观，没有理想和志向。这些人，一般都是精神空虚、道德品质低下，常常为了寻求精神刺激、满足变态心理而违法。以这种目的动机出发产生的违法行为，其表现形式多种多样，常见的有：无事生非、聚众打架斗殴；在公共汽车、电车上或其他人多拥挤的地方，侮辱、调戏妇女；在楼上用油漆、粪便和其他污物，泼洒楼底下行走的妇女或其他人；故意闯进女浴池、女厕所、女更衣室，等等。这些违法分子，并不是想从他们的违法行为中得到什么直接好处，他们干出上述违法事情的目的动机，全在于填补精神空虚、满足变态心理。

为满足个人的私欲。某些人头脑中存在的极端个人主义思想，往往通过多种形式表现出来。在这种思想支配下的人，也往往出于满足各自不同私欲的目的动机而违法，常见的有：为满足当官向上爬的权欲而诬告陷害他人；为了满足虚荣心理而偷盗公司财产或剽窃他人科研成果；为了满足"传宗接代"的心理而违反计划生育的规定，等等。

以上我们列举了违法行为人做出违法行为时，目的动机方面的原因，这是违法行为发生的主观原因的一个方面。

其次，法制观念方面的原因。就国家的公民来说，所谓法制观，就是人们在思想上了解和掌握国家的法律，尤其是与自己的工作和生活有直接关系的法律的状况，以及遵守国家法律的自觉程度。由这两方面构成的法制观念，是人的法律意识的一部分，它对于指导和支配人们的某些社会行为，特别是与法律规定密切相关的行为，有重要的作用。

通过以上分析，我们不难看出，在现实社会生活中，有些人之所以做出违法的事情，包括一般违法乱纪犯罪在内，目的动机上的原因是一个方面，同时，法制观念上的原因也是重要的。这两个互相联系、互相影响的因素结合起来，共同构成违法行为人做出违法行为的主观原因。

我国社会主义的法，有着巨大的教育作用，它首先是要求和指导全体公民自觉地守法。与此同时，它也具有很大的强制性，这表现在法一经颁布实施，便发生普遍的约束力，要求人人必须遵守；如果有人做出了违法的事情，则他就要承担相应的法律后果，有的还要受到法律制裁。这种法律制裁，是以国家的有关法律、法规为依据，由国家强制力来保证实施的。

我国社会主义法的法律制裁，一般分为刑事制裁、行政制裁、民事制裁和宪法制裁四大类。

刑事制裁

刑事制裁也叫刑罚或刑事处罚，它只适用于实施了刑事法律所禁止的行为而触犯了刑律的犯罪分子。根据我国刑法的有关规定，刑事制裁分为主刑和附加刑。主刑包括：管制、拘役、有期徒刑、无期徒刑和死刑。附加刑包括：罚金、剥夺政治权利、没收财产。

管制由人民法院判决、公安机关执行。被判管制的人不予关押，但其人身自由受到一定限制。管制的期限为三个月以上二年以下；在数罪并罚时，可以延长到三年。拘役由人民法院判决，由公安机关就近执行。拘役是将犯罪分子监禁在一定场所，剥夺其自由。拘役的期限为 15 日以上 6 个月以下。在数罪并罚时，可以延长到一年。

有期徒刑，是将犯罪分子在一定时期内监禁起来，使其与社会脱离，剥夺其自由，有劳动能力的实行劳动改造。有期徒刑的期限，为 6 个月以上 15 年以下。数罪并罚时，不超过 20 年。服刑期间，罪犯确有真诚悔改或主动表现的，可以减刑或假释。

无期徒刑，是仅次于死刑的严重刑罚，是将犯罪分子终身监禁起来，使他们与社会隔离，凡是有劳动能力的，实行劳动改造。服刑期间，如果确有真诚悔改或立功表现的，可以减为有期徒刑或者假释，获得重新做人的机会。死刑，是剥夺犯罪分子生命的刑罚，只适用于罪大恶极的犯罪分子。如果不是立即执行的，可以判处死刑同时宣告缓期二年执行，实行劳动改造，以观后效。缓期二年以后，确有悔改表现的，减为无期徒刑；在缓期执行期间，罪犯如果抗拒改造，情节恶劣，查证属实的，由最高人民法院裁定或者核准，执行死刑。

附加刑中罚金，是人民法院在处理刑事案件时，强制在一定期限内缴纳一定数量的钱币的刑罚；剥夺政治权利，是人民法院依法剥夺犯罪分子在一定时间内享受政治权利的刑罚；没收财产，是将犯罪分子个人财产的一部分或全部无偿地收归国有的刑罚。此外，对于在我国犯罪的外国人，可以独立使用或者附加使用驱除出境的处罚。

行政制裁

行政制裁，是国家机关对违反国家行政管理法规情节轻微，还不够刑事处罚的人所做出的制裁。工商企业等单位违反行政管理法规，也要受到行政处罚。这种制裁必须根据法律规定实施，无处分权的机关和部门不得行使。国家行政管理的范围是十分广泛的，它包括治安管理、财政金融管理、工商行政管理、农林水利管理、市场管理、卫生管理和海关管理等等。国家针对不同个人，不同单位的不同违法行为，采取不同种类的处罚方式。根据我国行政管理法规的规定，对违法个人的行政处罚主要有：警告、没收、拘留、劳动教育和限令出境等。

警告，是对某些有轻微违法行为人的训诫，促使被警告人提起应有的注意和警惕。

罚款，是强制有违法行为的单位和个人，在一定期限内缴纳一定数额的钱币。

没收，是剥夺个人因违法行为所得的财物。

行政拘留，是公安机关对违法行为人短时间的拘禁，是一种强制性教育的措施。

劳动教育，是对有违法行为而又可以不追究刑事责任的，有劳动能力的人实行强制性教育改造的一种措施，劳动教育期限为一至三年，必要时得延长一年。

限令出境，是对违反我国行政管理法规的外国人或无国籍人的处罚措施。

对违法单位的行政处罚主要有：停止贷款；扣留货物；赔偿损失；吊销营业执照；停业；停产治理；冻结资金。

民事制裁

民事制裁，是人民法院对违反民事法律规定，侵害他人财产和人身权利或者不履行自己应尽义务的个人或组织的处罚。

民事制裁的方式是多种多样的，根据我国民法通则的规定，主要有：停止侵害；排除妨害；消除危险；返还财产；恢复原状；修理、重作、更换、赔偿损失；支付违约金；恢复名誉；赔礼道歉。

以上制裁方式可以单独使用，也可以合并使用。人民法院审理民事案件时，除使用上述规定外，对违反民事法律的行为人，还可以予以训诫，责令其悔过，收缴进行非法活动的财物和非法所得，并可以依照法律规定处以罚款、拘留。

宪法制裁

在我国，由于作为违宪的主体，只能是国家机关和重要的国家机关领导人，所以，宪法制裁针对国家机关就是撤销其制定的违反宪法，法律的法规，决定和命令，或宣布其无效。针对违宪国家机关领导人，则由国家最高权力机关——全国人民代表大会予以罢免职务。由于某个国家机关的违宪行为，给其他国家机关、社会团体、企业事业单位或者公民个人造成损失，还应该由违宪机关负责经济上的赔偿。

可见，不论是一般的违法活动，还是犯罪活动，都不仅会危害国家、危害社会、危害他人，而且会使违法犯罪者本人招致国家的法律制裁。到头来，自己的某些方面的利益也要受到损害。因此，我国的每一个公民，在他们生活、劳动、工作的各个领域，都应该严格按照社会主义法律规范的要求办事，树立守法光荣，违法可耻的观念，自觉地做到守法。这样，既有益于整个国家和人民，有益于社会主义现代化建设的伟大事业，同时，也有益于每个公民自己。

8. 学生违法乱纪现象思考

近年来，在校学生违法违纪现象日趋上升，特别是一些薄弱学校，初中阶段或高一的学生更为明显，有的违反校规校纪，扰乱公共秩序，破坏公物或公共设施；有的打群架、行凶闹事，甚至出现由小偷小摸行为发展到入室盗窃，变向敲诈勒索；有的组织小帮派，收保护费，大同学仗势欺压小同学，强借饭菜票。在校学生的违法乱纪及不良行为，已成为一个严重的社会问题，学校深受其害，老师伤透脑筋，是一个值得我们关注与思考的问题。

学生违法乱纪的原因

出现这些问题，原因是多方面的：

首先，从学生自身因素看。少部分初高中学生缺乏自我控制能力，不能严格要求自己，不注重思想道德修养，没有形成正确的世界观，盲目追求享乐，表现出对学习没有兴趣，缺少法律知识，心理行为不正常。学校学习压力重，虽然学校、家庭做了大量的教育工作，但收效甚微，甚至出现个别学生由不遵守学校纪律、旷课、私自外出逐步发展到赌博、看黄色录像，甚至抢劫等现象，一些学生心理抗挫能力低、自暴自弃、偷吃禁果、以身试法、自寻短见。某地区初中学生因遭父母指责服毒自尽；初一年级学生集伙抢劫2.5元人民币被公安机关拘留；城区一所名校，四位男生因一女生捅刀子；一私立学校同舍学生下床学生把上床学生杀死无动于衷。这些现象，有些令人触目惊心，有些令人油生悲凉、可怜、惋惜，究其原因，学生自身素质低是一个重要因素。

其次，家庭不良环境的影响。孩子一生三分之一时间在家中度过，良好的家庭教育氛围将对学生的行为产生主要影响。一些家长由于自身不注重修养，不能予子女榜样，教育孩子简单粗暴或苛刻或放任，甚至一些家长本身就有赌、黄行为存在；不能对子女施予正确引导；一些离异家庭对子女教育更缺乏责任感，或推诿或应付，只简单地用"钱"打发，造成子女教育的失误。据不完全统计，学校在对10个违法学生的调查中，有3人是离异单亲家庭，有5人未离分居家庭，有2人是未离由奶奶管。部分家长不同程度存在违法犯罪行为。

第三，社会大环境的影响。学校已不是一块净土，当前不良的校园周边环境，社会大环境存在一些问题，对价值观、世界观、人生观正在形成的初高中学生产生极为不良影响，对现实的学校德育手段与教育渠道提出了严峻的挑战，社会评价观、道德观，谁对谁错，什么该做，什么不该做，对学生来说极为模糊，所以跟着好人学好人，跟着司娘就"跳神"，学生在学校中接受正规教育，到社会中受不良风气影响，往往是 $1 > 6$。

第四，校园周边环境影响。无论是白天或是晚上，在校园门口，都会见一些三五成群的社会闲散青年游荡，或聚集一起。他们的年

龄一般在 *15 ~ 20* 岁之间。痞性成型，无所事事，东游西逛，口叼香烟，纹身刺字，头染黄发。他们经常滋事挑衅，对在校学生施耍淫威，莫名其妙地拦截学生、打学生。这些人的形象对于自控能力较低的中学生来说，很容易效仿，特别是一些受到过伤害的学生，更易产生报复心理而走向违法，给学校的教育带来很大的负面影响。

从目前情况看，每所学校（特别是城区学校）大门两旁 *100* 米之内都有不少经营摊点围着，附近居民、小商小贩，沿路沿街摆点，或流动销售。他们一无健康体检证明，二无经营许可证。可我们常常见到马路上尘土四扬，学生吃得津津有味，这种状况常常滋生了一些学生的不良习惯，既影响学生健康又影响学生思想。

最为突出的是"地下网吧"勾引学生。虽然国家明令禁止学校周围 *200* 米内开网吧，但事实上很多网吧要么在学校周围，要么把目标锁定在学生身上。网吧老板使尽浑身解数，包月、提供食宿，做钟点工为男女学生开房住宿，提供黄色 CD 等，距某校附近共 *9* 家网吧，有 *2* 家开房，*6* 家供应饮食，有一个网吧，电脑旁就是小床，往往是 *4 - 5* 集在一起，一人上网，其余男女混同休息。这给厌学的学生提供了场所。学校为此痛心、家长无奈、看看一些因染上网吧瘾而被开除或整天昏昏欲睡的学生，心里十分悲凉。网吧不仅严重地危害了中学生个人成长，更影响了家庭的幸福，诱发了学生犯罪心理，给学生、社会带来了不良影响，成为学校难管理，社会不稳定的因素。

第五，学校教育与管理的不足。我国的教育体制，教育方针是正确的，国家关心教育，加大教育的投入，为学校教育，学生读书提供了极大的保障。但是，由于各级各类学校在贯彻党的教育方针的过程中，认识不足，行为有些偏颇，对学生的教育存在严重不足。首先是理论与实际的严重脱节，在对学生施教过程中出现的偏离教育目标的行为，缺乏经常性的及时有效的控制和校正；其次是学校学生管理工作缺乏强大的合力，学生管理工作主要靠德育处、班主任来抓，学校中的其他教师因忙于"分数"，而疏于德育，行政人员参与德育教育的意识薄弱，学生管理工作形成少数人的孤军作战，其他人为观望者，没有形成一股合力。同时学校、家庭、社会严重脱节，学校内外文化环境反差过大，三者教育没有得到很好的衔接，经常出现教育时空上的空白现象，给不良言行和思想以可乘之机，在学生管理中的线条太粗，缺乏扎实细致的工作作风，对学生的违纪现象不能有效地进行超前预防工作，对学生的教育管理不是主动防范而是被动式教育。

第六，学习压力过重，评价单一。目前，学生学习压力较重，社会、家庭、老师对学生的学习要求高，期望值高，不少学生日夜兼程，有些学校学生，每天学习 12 小时以上仍不能达到要求，由此，时常出现"不进则退"或心理枯竭现象，学校中对"好"、"坏"学生的评价仅以"分数"辨高低，引发教育方式的简单化。使得一些具有不良心理、不良行为的学生得不到及时的医治，致使学生越来越"落下去"，一蹶不振。某校一初中"尖子生"，无缘无故不上学，几经老师做工作后，主动要求到差班就读，数日后，此生因上网成瘾被迫退学。

纵观教学中出现的一些现象，说怪不怪，终有原因，只是预感教育责任重大，如何预防和有效制止中学生违纪行为，关系到教育的成功，是我们每个教育工作者应重点关注的问题。

学生违法乱纪的预防

中学生正处于未成年向成年的过渡时期，是一个自我控制能力薄弱时期，是真、善、美与假、丑、恶的争夺期，是一个需要塑造、教育、保护的时期。对青少年的违法违纪及不良行为的产生应以预防为主，及早防治，同时，对已存在违法违纪的学生应本着教育保护的原则，具体地说：

首先，立足于教育和保护。以教育他们，并保护他们的合法权益，保护其身心健康为出发点，通过教育和保护，达到预防未成年人不良行为的目的。教育和保护是相辅相成的，教育是为了保护，保护必须进行教育，只有将两者有机结合起来，才能达到预防未成年人犯罪的目的。弥勒民族职业高级中学几年来，对学生教育管理，实施"保、稳、转、升"的办法值得借鉴，所谓："保：控制学生流失，学校严格规定：造成学生流失作为教学事故，追究教师责任。稳：实施稳定的学校德教育体系，分年级、分层次、分主题，循序渐进地推行。转：保证后进生的转变，学校规定对后进生的转变奖励政策。升：提升管理的品位、质量。用"阳光"般的心态对待学生的一切，因此，促进学校的发展。

其次，开展心理疏导。根据未成年人学生的心理、生理，坚持治本和疏导，对他们的不良行为及时进行预防和矫治。目前，学校建立了心理咨询室，开通了心理连通车，做到每生一册心理读本，每周一节心理课，每学期 $1-2$ 次家长培训。收到了较好的教育效果。

再次，加强青春期教育。预防中学生不良行为应结合不同年龄的生理、心理特点，有针对性地进行教育，不能采取"不打不成才"的粗暴式教育方式。在我校，学校每学期举办青春期生理讲座，在学校的课程安排下，保证每天一小时的集体活动，或打球、跳绳，或唱歌、练舞等兴趣活动，举办趣味运动会、创新科技展，以释放学生的心理，让他们在丰富多彩的活动中渡过青春的烦恼。对未成年人的不良行为，在处理上，应充分体现"教育、感化、挽救"的方针，贯彻教育为主，惩罚为辅的原则。

第四，教管结合。帮助青少年树立正确的世界观、人生观、社会道德观，是搞好青少年教育的重要手段，只有让青少年知道什么是违法，什么是犯罪，什么该做，什么不该做，这才是防患于未然的长久工作。在我校，每年至少两次法制课，用生动的一例教育学生，同时，组织学生到司法部门、交通部门、社会劳动部门进行社会调查，让学生懂得法律、交通，更知道社会的艰辛。把正确的是非观灌输到未成年学生的头脑中，积极抵制社会上不良风气的影响，使正气成为健康心理的支柱。同时，学校还开展班级大讨论、大评比，校园点评，星级学生周评、校园小记者等活动，一方面拓展学校教育渠道，另一方面训练学生的各种心理情景，增强他们的自尊心、自信心和进取心，以及承受挫折的能力，切实有效地促进人格完善。

收效于微处，细节决定成功。民职中由于学生违法违纪和不良行为的矫正抓得早，抓得及时，预防好，处理得好。在几年中，未发生重大违纪现象，校园风气好，办学成绩显著。中考成绩连续四年优秀率获州第一，高考初次上阵，上线率达 60% 以上，得到社会的认可。

综上所述，减少在校学生的违法违纪现象是摆在每个教育工作者面前的一大课题，我们应当首先搞好未成年学生违法违纪的预防工作，建立社会、学校、家庭"三结合"的教育体系，净化社会环境。在全社会倡导健康向上的氛围，净化校园周边环境；学校要加强学生德育工作，通过多样式对学生正确引导，全面提高学生素质；同时建立家长与学校联系制度，定期与家长交流、沟通，共同探讨学生教育问题，对青少年学生多一分关爱，少一分指责，以情感人，找准病根，是教育转化的最佳途径。只要我们尽园丁之责，动赤子之情，投入全身之力，认真做好教育，管理工作，中学生的违法违纪现象就可以有效地制止。

9. 学生违法乱纪行为剖析

2008 年，据对福建几所中学学生的违法乱纪现象的专题调查，发现在学生违法乱纪中，有犯罪行为的仅仅是极个别，大量的是违反《治安管理处罚条例》和学校规章制度的一般违法、违纪行为，本文就中学生违法乱纪行为作个剖析，试图为中学生法制观念的培养和不良行为的矫正，为青少年犯罪综合治理提供一些参考意见。

成因：主观、客观互相联系

中学生违法乱纪行为的产生有诸多复杂因素，既有学生本身生理和心理的主观因素，又有家庭、学校和社会等客观因素，它们彼此渗透，互相影响，一切客观因素又都通过学生的主观因素而起作用。

（1）从社会方面来看。社会现实生活中的异常现象以多样的方式，从不同的侧面冲击、腐蚀着学生的心灵。社会影响概括说有三个方面：首先，"精神鸦片"的毒害。近几年，一些内容不健康、甚至海盗的非法出版物不绝。电视节目和影片，对涉世不深、缺乏鉴别能力的中学生带来消极的影响。其次，不正之风的冲击。在改革开放，商品经济发展中出现的一系列社会问题面前，青少年学生极易受"读书无用论"、"金钱至上"、"享乐主义"等错误思潮的侵蚀而导致心灵扭曲，产生畸形的价值观念和心理需求。再次，打击不力的后果。由于公安部门对偷窃、赌博等社会不法分子打击不力，致使一些学生铤而走险，步入偷窃之道。

（2）从学校方面来看。在校生的违法乱纪行为与学校的教育方法和教师的态度不当有着直接的关系，具体表现为：一是教师问题。

一些教师对后进生的教育方法简单、粗暴、生硬，动辄训斥、怒骂或施以惩罚，对后进生往往是批评的多，指责的多，而鼓励、引导比较少。其次，是以"优生"为中心，不能平等地对待每一位学生，使后进学生产生"不公正"的感觉，当醋意大发的时候，便采取种种不良行为对同学或老师实施报复。另外，教师德育意识的淡薄也是一个必须引起重视的问题，一些教师对学生轻微违纪行为不闻不问，或见了不管，视而不见，这样无形中也纵容了学生良好行为的存在和发展。二是管理问题。一些学校管理松懈，缺乏系统的严格的纪律制度，即使有往往流于形式，缺乏相应的执行办法和惩处措施，许多较为严重的违法乱纪行为往往不了了之，这样导致纪律、制度缺乏威慑力、约束力，其后果必然是学生行为的放纵。三是课余问题。学生中的违法行为的产生也反映了学校课余生活的枯燥乏味，在课余放学以后无所事事，在社会上游荡，美丑不分，于是就抽烟、打群架，合伙作恶来填补空虚的心灵。

（3）从家庭方面来看。家庭的影响也是造成学生不良行为习惯的重要原因之一。家庭的不良影响主要是：第一，家教不当。目前，家庭教育水平较低，普遍存在"四重四轻"的倾向，即重养轻教，营养充足，教育不良；重智轻德，注意学习成绩的高低，忽视"做人"的基础教育；重物质轻思想，尽量满足物质欲望，忽视思想品德和良好习惯的培养；重打骂轻说理，对子女惯用的教育方法不打便骂，而忽视耐心细致、润物无声的说理工作。第二，家风不正。家长的不文明习惯，不端的行为，对子女来说，无异于以行动教唆子女，使孩子长期耳濡目染，潜移默化，从而养成种种恶习，严重者直至走向犯罪。第三，精力不暇。不少父母无暇顾及子女的学业，有时连跟子女谈话的时间都很少，更谈不上教育。子女一旦学坏，由于不易被发觉，时间一长可能恶习日深。第四，家庭不睦。有的由于父母争吵纠纷，给他们心灵留下创伤。父母一旦离婚，势必给子女在物质和精神上带来极大影响，甚至把子女当成累赘。这些学生由于家庭失去平衡，得不到家庭温暖，缺乏正常的家庭教育，从而产生心理变态，容易接受外界的不良影响。

（4）从学生自身来看。从学生主体方面考察，也存在着诱发学生行为过失的多种因素，突出表现在几方面：其一，学习兴趣缺乏。一些学生产生了"读书无用论"的思想，学习信心丧失，缺乏热情，不求上进，只等毕业。其二，心理素质缺乏。在当前复杂的社会生活和人际关系中，有许多学生或多或少地存在心理缺陷和人格障碍。其三，法律常识缺乏。不少学生制观念淡薄，甚至无知。知识贫乏和道德贫困并存使他们变得愚昧，由违反道德规范到违法乱纪，从不知法、不懂法到不畏法犯法，从破坏纪律到扰乱公共秩序。其四，辨别能力缺乏。一些学生的认识能力偏低，与社会信息中的消极因素，社会上的不正之风于相通，从而产生了不少错误观念，以致是非模糊，荣辱颠倒，美丑混淆，善恶不分，公私不明，个人与法体关系不清。

防治：学校、家庭、社会三位一体抓道德

全面提高思想品德修养和文明程度，增加遵纪守法自觉性。这里的"全面提高"，一方面是指全体学生。在复杂的社会环境中，好、中、差学生都有一个提高思想品德素质，培养辨别是非能力的问题。教育工作必须从服从于智育的从属地位转变为致力于提高学生品德素质的相对独立的地位。根据学生不同的思想状况、心理特点、知识水平，实施分层次、分类型教育，全面提高。另一方面是指全面提高学生的政治、道德、心理、法律素质。一个人的思想品德素质包括思想追求、政治觉悟、道德行为、个性心理、法制观念等互相联系的诸多因素，忽略任何方面都是不完善的。德育的具体目标、内容、手段都必须全面考虑，力求序列化、系统化。

（1）要法治：强化约束机制。在社会空气混浊，学习道德水准、文明程度不高的情况下，确立法制、纪律的强制性、权威性，是维护社会公德和学校正常秩序的重要保障，也是约束学生行为，保证学生健康成长的重要手段。而且以法治校本身也是增强学生法制观念，提高学生法律素质、品德素质的重要途径。因此，笔者认为，以法治校与以德治校并不矛盾，后者是主体、基础，前者是不可缺少的补充、辅助。学校必须根据本校的实际情况，制订诸如学习纪律、膳厅纪律、宿舍纪律、维护公物纪律等系统的、具体的管理制度，把《中学生守则》和《中学生日常行为规范》落到实处，不仅提出应遵守的纪律，而且必须作出相应的惩处规定。同时，应建立校行政与班级相结合，行政值日、教师值日、学生值日相结合的监督和检查网络，以保证纪律制度的严格执行。

（2）建班风：创造良好环境。班集体是学生的学习、生活基本单位，树立良好的班风，培养班级集体主义观念，是激发学生自我意识和向上求知的环境因素。班集体是否健康，有无凝聚力，直接影响学生的学风、品德和个性发展。必须根据学生的心理特点和班集体建设的客观规律，建立合理的管理目标，开展丰富多彩的集体活动，创设让每一个学生都能发挥特长、都能有所提高的机会等等，从而增强班集体的内聚力，使学生产生对集体的关心，对学习的兴趣，对进步的渴望，对不良行为的排斥。

（3）重协调：力求整体效益。积极争取社会、家庭的积极力量的支持和配合，是减少社会不良因素影响，增强学校内部教育力量的一个重要途径。司法机关、交通管理部门，以及影剧院、文化馆等娱乐单位，要协助学校贯彻行为规范教育，注意学生在公共场所的活动，批评和阻止不良行为，帮助学校开展法律讲座、展览等法制教育活动。公安部门应协助搞好校园内的治安和校园周围的治安，以减轻社会不法分子对学生的不良影响。学校必须与学生家长经常性地联系，积极主动取得家长的配合支持，共同协商调动学生的学习积极性，提高学生品德素质的具体方法。必须详细了解家庭对学生的影响，对不管型、溺爱型、粗暴型等不良倾向的家庭关系，就要同时做好家长的思想工作，消除家庭给学生的不良影响。

10. 消除青少年犯罪的"隐性"因素

预防青少年犯罪是一项艰巨的系统工程。目前我国青少年犯罪率上升的状况说明，防范工作尚存在许多问题亟待解决。如何切实有效地做好预防青少年犯罪工作，防患于未然？笔者认为，从分析滋生青少年犯罪的原因出发，探讨消除青少年犯罪的隐性因素，是有效地降低青少年犯罪的重要措施。

导致青少年犯罪的原因

青少年走上犯罪道路的原因林林总总，主要有三个方面的因素造成：

（1）社会文化生活出现的"误区"，诱导思想意志薄弱的青年反社会。所谓社会文化生活产生的误区，是指那些与社会主义精神文明所倡导的占主导性的文化相背离的畸形文化观象。如中国传统文化糟粕和西方腐朽文化都鼓吹"金钱至上"、"享乐第一"、"纵欲主义"等处世哲学。这势必影响初涉人生、世界观尚未定型的青少年，特别是那些思想意识落后的青少年，左右他们的行为取向，最终堕入犯罪歧途。

（2）生理发育和心理素质的发展出现了"断层区"，造成青少年心灵扭曲、变异。目前青少年犯罪的一个重要原因就是心理素质

的发展跟不上生理发育成熟的速度，出现生理发育早熟，心理发育迟熟，两者不同步发展。由于物质生活丰富，这一代青少年的生理发育普遍早熟又由于现在已进入信息时代，当代青少年接受着如潮水般涌来的各种信息，处于青春躁动期的青少年，心理素质普遍脆弱，伦理道德意识尚未形成。于是那些精神空虚的青少年往往在社会灰暗心理和低下道德情操的影响下，做出了过激反叛的行为。

（3）法律出现的"盲区"，触发胆大妄为的青少年偏离社会规范。在我国众多的执法之典中，可以看到，迄今为止尚缺一部与刑法接轨的惩治青少年犯罪的法规，没有专门的法规可以运作，这与当前青少年犯罪年龄提前、手段超前的情况是不相适应的。而且我国刑法虽然在第 14、15 条中对 14 岁以上、16 岁以下的青少年犯罪制定制裁条款，但刑法从总体来看对青少年犯罪仍以教育为主，所以我国法律对未成年人犯罪量刑，尤其是 14 岁以下的少年犯的量刑，实际上出现了"空档"。法律之剑虽然锋利，但悬到小孩们头上却是"仁慈有余"。对青少年犯罪以教育为主，重罪轻罚，重罪轻判，促使一些胆大妄为的青少年蔑视社会规范，误认为犯法无法可依，无法可究，公然践踏法律，以致跌入犯罪深渊。

消除青少年犯罪"隐性"因素的主要途径

（1）发挥社会防范青少年犯罪的主渠道功能。青少年犯罪和所处的社会环境息息相关，由社会环境中存在的不良因素构成的负面环境氛围；是青少年犯罪增多的社会根源。社会文化生活中的非从众的畸形文化，大众传媒中夹带的精神垃圾已成为青少年犯罪的直接诱源。从社会大环境和学校，家庭小环境对青少年影响的程度、广度看，大环境的影响是占主导性的因素。因此，要有效地降低青少年犯罪率，消除社会环境中诱发青少年违法犯罪的辐射源，必须发挥全社会的群防作用，调动社会遏制青少年犯罪的主渠道功能。

概言之，应该全面优化青少年成长环境，大力推进社会主义精神文明的发展。可以从社会环境中存在的问题为突破口，在消除精神垃圾源上下功夫，严厉打击精神垃圾的制造者、传播者，堵塞精神垃圾的传播渠道，最大限度地减少社会环境给青少年带来的放射性伤害，扫除诱惑青少年犯罪的社会隐患。

（2）强化学校防范青少年犯罪的主阵地功能。学校作为社会规范文化的代表，对青少年社会公德的养成、伦理道德的塑造、人生价值观的形成，具有极大的引导性。要发挥学校在防范青少年犯罪工作中起主阵地作用，关键是要调整学校小环境思想教育的运行机制，改变当前学校在法律教育上的滞后观象。1985 年《中共中央关于进一步加强青少年教育防青少年犯罪的通知》正式出台后，国家教委已经把青少年法制教育正式纳入学校教育体系，但是，据了解，目前许多学校都没有把法制课教育落到实处，重智力教育轻道德法制教育的现象在各级各类学校都有表现。因此，学校应该克服"一手硬、一手软"的思想，抓好校园内的法制教育，在解决青少年犯罪年龄，手段的超前性和法律教育滞后性这一矛盾上下功夫。把社会法律道德规范灌输到青少年头脑中，着力培养青少年的知法奉法精神，把法律法规变成青少年行为的参照标准。为青少年的行为起选择、矫正作用，为青少年的健康心理行为超导向作用。

（3）调动家庭教育的调节功能。从教育顺序说，青少年所受影响首先来自家庭，父母是孩子的启蒙老师，可见，家庭教育的良性运行，是青少年健康成长的有力阶梯。良好的家庭教育，可以说是青少年健康成长的基础性条件。据有关资料称，目前青少年中最容易走上犯罪道路的以"惩罚型"、"娇宠型"、"分裂解体型"家庭出来的子女为冠。由此可见，不良的家庭教育容易触使青少年偏离健康成长的轨道。要消除家庭中诱使青少年犯法的"因子"，关键是家庭教育要得当。父母作为对子女长期有影响的人，在家庭教育上必须做好三个方面的工作：一是抓好子女的心理的自律能力。这一代青少年，多为独生子女，物质条件优越，生理出现早熟，心理上却迟熟，家庭要对青少年在心理成熟前表露出来的一些偏激、反叛的心理活动起化解监督作用，提醒子女不要走极端。二是要避免"极端"教育的伤害。既不放纵娇惯也不拳脚相加，尽可能营造良好的家庭氛围。三是要减少家庭裂变的危害。家庭的解体，父母婚姻的裂变，要尽量减少对子女的伤害，要妥善解决离异后子女的安置问题。

11. 青少年犯罪的原因及预防对策

　　我国青少年犯罪的日渐突出、严重，并成为一个重要的社会问题，引起各界人士的普遍关注。青少年时期是人生比较特殊的阶段，有人称此阶段为"问题年龄"、"反抗权威时期"，一方面他们已从混沌无知开始了初步的对自我对社会的认知；另一方面又因为他们在心理上还不成熟，使得他们往往倾向于与自己的立场、需要等相一致的赞同性信息，而不懂得进行客观的判断，作出比较正确的选择，我国目前随着改革开放，经济的飞速发展，市场机制的确立，整个社会出现青少年犯罪率上升并且性质趋于恶劣的情形。本文对此将着力于经济的发展对社会环境进而对青少年的影响加以分析，并力求找出对策。

　　青少年犯罪的原因

　　（1）家庭问题。我国近十几年来的改革开放、经济发展，使得人们的生活方式、价值观念等发生了很大变化，并由此而影响到人们的家庭生活，而家庭又是青少年成长之所，它的风风雨雨直接影响着青少年的心理和行为，从家庭这一角度看，导致青少年犯罪的原因主要有以下几个方面：

第一，离婚率的上升。经济的发展引起了人们生活方式的变化，这使人们在享受物质条件带来的越来越多的自由的同时，更开始追求自我与个性的自由，对情感世界也有了新的渴求，因而导致离婚率的上升，离婚的真正受害者绝不是哪一方面配偶，而是他们子女，从心理角度而言，青少年在心理方面还很不成熟，特别需要家庭的温暖及完整的亲情的呵护，脆弱的心灵很难承受挫折与磨难，而离婚后的任何一方单亲都无法给孩子一个完整的世界，于是渴求理解、关怀与心灵慰籍的青少年，当他们在家庭中找不到时，便本能地走出家庭，走向社会，而且他们往往与跟自己同龄的孩子混迹在一起，结帮结伙，这时若没有适当的教育，便极易走上罪犯道路。

第二，独生子女问题。计划生育是我国的一项基本国策，独生子女的父母都是为社会做出了贡献的，但无可否认的是，独生子女问题已成为突出的社会问题。一方面，大多数家长仅在物质上一味满足子女的要求，却忽视对他们人格、性格的培养，使得他们的需要偏离，不合理的要求不断升级，自私自利，专横跋扈，一旦他们的欲望得不到满足，便会有种种反社会的言行产生；另一方面，中华民族有个传统叫做"望子成龙"，每对父母莫不如此，父母未偿之愿全部放到这一个孩子身上，其沉重可想而知，父辈们的急切之情很难期望他们在抚养、教育子女时投入更多的理智，一旦希望有落空之嫌，许多人往往采取简单粗暴的不理智之举，以调节"希望落空"的心理失衡，更有甚者，若发现管教无济于事，便听天由命，放任不管，这两方面的不正常、不合理，不科学的"爱子"方式，都特别容易使青少年走上犯罪道路。

第三，个别家长的"言传身教'。社会学家们曾说孩子们一生当中的三分之一的时间是在家庭中度过的，然而以强烈的模仿性为显著特点的孩子，无不以父母为其样本调整和检验自己的行为，因此父母的一言一行对孩子都有着深刻的影响，处于"价值真空"时代的人们彷徨，无所适从，许多人开始追求纯物质生活的享受，以为有钱就有一切，赚钱似乎成了生存的唯一宗旨，并常常在孩子面前讲一些他们还不能正确理解、判断的话，在家中赌博，自己的生活不检点等，都深深影响着各方面还不成熟的下一代。

第四，家庭教育能力问题。我国是一个农业大国，80%的人口居住在农村，也就是说有80%左右的青少年其父母是农民，因为原因种种，他们中的大多数对教育子女问题远未形成比较科学的认识，因而不具备科学合理地教育子女的常识，从而在很大程度上影响着青少年的健康成长。城市中多数都是双职工家庭，许多父母忙于自己的事务（也有的是为了赚钱）而顾不上子女的教育，并常忽视子女言行，即使青少年犯罪发生之前的一些警告性不良行为也视而不见，可以说消极地促动了青少年犯罪的严重性。

（2）学校教育。如果说家庭环境是影响青少年健康成长，造成青少年犯罪的重要原因，那么学校教育的偏颇和失误也在客观上扮演了重要角色，下面仅就学校教育中失误的几个方面谈一点看法，以引起社会的广泛关注。

首先是关于快慢班问题。有的学校把学习成绩差、表现不好的同学分在一个班，叫做慢班。很显然，在校园中他们不受重视，被人看不起。形成团体的这样一群学生相互影响，互相从别人身上寻求着认同和理解，于是他们在一起搞恶作剧，违反纪律，通过报复的方式寻求心理平衡。老师眼中只有优等生，对于慢班的学生反正不指望他们提高升学率，随他们便吧，只要不犯大错就行，因而对一些违纪事件懒得去管。

　　这类学生一旦走上社会，控制更为松散，极易由"小错"发展至走上犯罪道路。

　　其次，多数学校纵然不分什么快慢班，在教学上却只注重智育方面的教育，德育教育虽不能说没有，但形式主义太严重，实际收效甚微，不能使学生真正意识到应以什么样的标准要求自己，完善自己，德育教育的空白给不良风尚，行为浸染青少年纯洁的心灵创造了机会，使他们极易走上犯罪道路。因此，日本科技界著名人士井深大先生指出：由于施教一方只定出智力教育，把"树人"这一根本教育的目的置于脑后，使学校呈现"荒废状态"，青少年不良行为和犯罪行为日益严重，他为此向教育界大声呼吁，为培养二十一世纪所需要的人才，要在教育上来一个大的转变——即从以智力教育为主转向以品德为主，尤其不能仅仅进行以智力为主的"一半教育"而忘了培养品德的"另一半教育"。

　　再次，学校教育与家庭教育脱节，许多家长在思想上存有这样的认识：学生一送到学校就算是把学生交给了老师，学生成绩如何、表现如何都是老师的事，所以他们安心地忙于自己的事，不再去注意孩子的反映，孩子心理及行为上的各种变化；而学校则认为他们只是教育学生以知识，成绩上去了，他们的任务就完成了，至于道德问题那是家长们的事，忽视了对学生心理、道德、自律等方面的引导和培养，学生们更乐得这份自由自在，由于各方面不成熟，对自身的识别能力差，外界的冲击使他们尚未形成的世界观混乱不堪，难以抵制各种不良诱惑而走上犯罪道路。

　　（3）文化环境。随着经济、科技的发展，九十年代的青少年不再像六、七十年代的青少年那样，他们的自我意识、主体意识更强烈，不再满足于学校里的书本知识，他们渴望属于自己的世界，现实社会的不平衡性在错误地引导着他们，一方面经济的发展，使得消遣、消费型的娱乐场所、歌舞厅酒吧、游乐场如雨后春笋般地出现在城市的大街小巷，小型点的游击式录像、游艺机摊点更是比比皆是；而另一方面，社会文化德育、体育环境方面硬件设施诸如：图书馆、博物馆、青少年宫、体育场馆等陶冶青少年情操，进行良好思想导向的德育型及智力、知识性的文化娱乐设施却几乎没有什么投资，有的地区甚至没有，于是录像厅、游艺机摊点、游乐场甚至歌舞厅、酒吧成了青少年课外生活的主要场所，外部环境的消费式生活诱惑着他们，而一些老板承包者唯财至上、唯利是图、管理不善，在那样的氛围中极易使缺乏认识能力、缺乏控制力的青少年无法把握自己而被拉下水，荒废学业，慢慢走上犯罪道路。

文化环境中"软环境"——主要大众传播媒介，也是诱发助长青少年犯罪的重要因素，大众传播对社会机体有着重要的调适作用，它可以影响人们的社会心理和价值取向，许多专家学者已经指出：中国青少年犯罪增多，与不健康的文化市场，包括书籍、杂志、报刊、录像、电视电影等有着密切关系。如果不能优化环境，发展健康的文化市场吸引青少年，帮助他们渡过"问题年龄"时期，是很难期望青少年犯罪问题能得到改观。

青少年犯罪的预防对策

犯罪预防对青少年来说，显得更加重要，而且应该是降低青少年犯罪率，促进他们健康向上的主要对策。犯罪预防是指通过一系列手段把可能诱发犯罪的因素尽早消灭，防患于未然。1990 年 8 月 27 日－9 月 7 日在古巴哈瓦那举行的第八届联合国预防犯罪和罪犯待遇大会上通过的《联合国预防少年犯罪准则》及 1992 年 1 月 1 日正式实施《未成年人保护法》都以相当篇幅规定了青少年犯罪的预防对策，针对当前青少年犯罪的新特点及原因，我国当前青少年犯罪的预防对策应包括如下几个方面内容：

（1）关于家庭方面。社会或政府应当采取一定的步骤和制定方案，为尽可能多的家庭提供机会，学习父母在促进孩子的发展方向所应起的作用和应尽的义务；使过分溺爱孩子对孩子的教育缺乏理智和耐心的父母，使对孩子成长无暇顾及而忙于自己事务的父母充分意识到为了青少年的健康成长他们对社会所负的责任，同时要促进父母与子女间形成亲密关系，使父母能够敏锐地发现其子女的种种问题，及时采取对策，防止他们滑向犯罪的深渊。再者，政府和其他社会机构要充分意识到青少年犯罪问题对社会的危害性，不仅要依靠现有的社会和法律条件，而且做到当传统的制度和习惯不起作用时，应积极提供并推动新的措施的执行，尤其在我国目前这一历史阶段，新旧体制交汇之际，政府有关部门应当主动、积极发挥其作用。

（2）关于学校教育。参考《利雅得准则》的规定，教育系统除本身的学术及职业培训活动外，应特别注意进行基本价值观念的教育，尊重青少年自己的文化特性和模式，使他们的个性和自我能力有充分发展的余地，吸引他们走向正确的天地，同时学校要真诚关注面临社会风险的青少年，并配备专门受过培训的老师以帮助他们渡过危险期；再者，通过各种可能的教育途径，沟通老师和同学之间的理解，使他们相互信任，这样老师能尽快发现学生生活中碰到的难题，及时帮助解决以减少悲剧发生的可能性。

（3）关于文化环境。我国《未成年人保护法》第24条规定"国家鼓励新闻、出版、电影、电视、文艺等单位和作家、科学家、艺术家及其他公民创作或者提供有益于未成年人健康成长的作品。出版专门以未成年人为对象的图书、报刊、音像制品等出版物，国家给予扶持。"第25条规定："严禁任何组织和个人向未成年人出售、出租或者以其他方式传播淫秽、暴力、凶杀、恐怖等毒害未成年人的图书、报刊、音像制品。"上述内容从鼓励与严禁两方面为在大众传播方面对未成年人进行保护提供了法律依据，它的实施可起到净化、优化社会环境，促使青少年健康向上、积极进取的作用。

另外，我国市场经济体制的确立，意味着中国经济真正走向世界。经济背景的趋同，不仅青少年犯罪的原因趋同，更意味保护青少年的措施与对策也有了更多的相同之处，所以我们一方面应注意其他国家的成功经验，另一方面，要注意与国际规范的要求相当，以保证高水平、高质量的预防措施的适用。

青少年犯罪的预防是一个极复杂的系统，本文仅就当前较为突出的问题择重点谈了一些看法，要真正做到预防有效，还需大量的工作，需要全社会的共同努力。

12. 在校学生违法案件的处理

随着改革开放经济建设的不断发展，近些年来，未成年人犯罪问题日益突出，特别是学生犯罪急骤增多。据统计，1992 年全国公安机关在办理刑事案件中，共查获未成年作案成员 15.9 万名，占刑事案件作案成员总数的 13.5%。其中，盗窃 112470 人，抢劫 23298 人，伤害 5751 人，强奸 5054 人，流氓 3811 人，杀人 1316 人。1992 年逮捕的未成年人犯 32583 人，收容教养 2081 人，劳动教养 6636 人。从年龄上者，1992 年查获的未成年作案成员中，16 岁至 17 岁的 100532 名，占 63.2%；14 岁至 15 岁的 43457 名，占 27.3%；13 岁以下的 15046 名，占 9.5%。在这些未成年作案成员中，仅中小学在校学生约占 90% 以上。

以上统计数字足以说明我国未成年人包括在校中小学生违法犯罪的严重情况，也足以让人触目惊心。对在校中小学生犯罪原因、特点及预防等方面的问题，许多仁者智者已作了诸多细微详尽的分析和探讨，但是，如何使已发生的"坏事"变成"好事"，切实避免更多的在校学生误入歧途，这已成为摆在我们面前急需解决的一个现实问题。

1993年9月16日至29日，福建省综合治理委员会和省未成年人保护委员会组织的由教育、公安、司法、文化等部门组成的检查组，深入莆田、漳州、厦门等地，对学校开展法制教育及预防和减少中小学生违法犯罪工作进行抽查。在检查过程中，检查组听取各级公安、检察、法院等部门在处理在校学生违法犯罪上的一些经验做法的汇报，并走访了受处罚的在校学生、学生家长和学生在读的学校，深刻地感受到：惩治在校学生并不能做单纯的处罚，它是一项极其复杂的工作，需要我们公、检、法三部门在办案实践中不断摸索、及时总结。

从法理上讲，对特殊的处罚对象，应当采取不同的处罚方式和处罚幅度，这不仅是立法也是执法中必须遵循的原则。实践中处理好在校学生的违法犯罪，尤其要把握好在校学生这一处罚对象的特殊性，因为在校学生大部分都是未成年人，他们生理上的日益成熟和个性的逐步形成决定他们在这一时期认识能力偏低，是非观念淡薄，意志薄弱、情绪激动等弱点，又有自身可塑性强的特点。我国现行刑法第十四条"已满十四岁不满十八岁的人犯罪，应当从轻或者减轻处罚"的规定正是基于此种考虑，所以，在办理在校学生违法犯罪案件时，要根据《未成年人保护法》关于保障未成年人的合法权益，尊重未成年人的人格尊严，适应未成年人身心发展的特点和教育与保护相结合的要求，坚持"教育为主，惩罚为辅"的原则，同时必须注意在校学生有学校教育这一环节，比起流失在校外的未成年人来讲，对其实行家庭、学校、司法等多方位的综合教育，更能收到显著的效果。

因此，公、检，法等部门在办理在校学生违法犯罪案件中，要尽力选派有一定犯罪学、心理学、教育学等知识的同志参加，在办案中要十分注意研究他们的心理、生理特点，善于寻找他们身上的积极因素，抓住他们的闪光点，启迪他们的良知，并注意发挥家长或其他监护人的特殊作用，共同配合做好教育、挽救、感化的工作。

公安机关对在校学生轻微违法行为，经警告教育后应让其尽早返回校园，因违反《治安管理处罚条例》的行为须处以行政拘留的，也尽量不要实际执行，即使需要执行的，治安行政拘留所也要严格执行《治安拘留所管理办法》等有关规定，将违法的在校学生与成年人犯、屡教不改的惯犯、累犯分押、分管。

在适用强制措施上，对违法犯罪的在校学生，一般不准使用警棍、警绳、手铐等警械，对未满 16 岁的在校学生一律不准收容审查。对被判处管制和被判处拘役、三年以下有期徒刑宣告缓刑的在校学生，要认真落实帮教措施，针对特点加强考察，检察机关对于在校学生的犯罪行为，"可批捕也可不批捕，可起诉也可不起诉"的案件，要尽量不批捕或不起诉，多适用免予起诉这一检察机关所特有的处罚手段，并坚持对被免诉的在校学生进行案后跟踪考察，同家庭、学校形成三点一线紧密配合型的监督教育机制，对提出量刑幅度的意见，不能只注重法定情节而忽视酌定情节。

即使在校学生犯罪情节与成年人犯罪情节在同样情形下，也要比成年人的量刑幅度至少降低一至二档次，对同时具有其他法定从轻、减轻处罚情节的，则减轻处罚或从轻处罚的幅度尽可能大一些，对从轻减轻处罚情节与从重、加重情节同时并存的，应当比照罪行相当具有同样情节的成年犯而从轻减轻处罚，检察人员在每次开庭前，必须对犯罪的在校学生的法定代理人或其他监护人的情况有所了解，并要求上述人员按时到庭，密切配合法庭搞好庭审。人民法院在处罚在校学生犯罪的法律适用上，应注重适用缓刑。

在对在校学生犯罪依法从轻处罚或减轻处罚所判处的刑罚为拘役或者三年以下有期徒刑时，一方面考察其犯罪情节和悔罪表现，并考察其家庭学校管教和周围环境制约条件。只要这些综合因素说明对其适用缓刑确实不致危害社会的，就应当尽可能地适用缓刑。

另外要注重对在校学生犯罪的免刑处理，我国刑法规定免刑的条件是"犯罪情节轻微不需要判处刑罚"，在校学生犯罪案件本就已具备了从轻或减轻处罚的年龄情节，如果再同时存在其他法定的或酌定的从宽情节，综合各种情节看整个犯罪案件属于"情节轻微"，对犯罪的在校学生"不需要判处刑罚"，当然应当毫不犹豫地适用免刑，并可根据案件的不同情况，对行为人适用刑法第 32 条规定的强制教育措施，民事强制处分或者行政处分。目前，人民法院要注意无限制扩大少年法庭的功能，要注意社会具有消化未成年人轻微犯罪行为的巨大能量，充分发挥家庭、学校、社会的力量来加强管理和帮教。

当然，上述对在校学生违法犯罪"教育为主，惩罚为辅"的原则和受到的处罚尽量不要实际执行等做法，仅指在校学生违法罪犯行为情节轻微，造成危害后果不大，影响不是很坏或是偶犯、从犯、胁从犯、帮助犯等，而对于那些主观恶性大，屡教不改，造成严重后果，影响很坏的，该处罚的还是要处罚。这既体现对未成年人犯罪从宽处罚的原则，也符合罪刑相适应的原则。也只有对在校学生的违法犯罪采取特殊的惩罚手段，才能使惩罚的目的即特殊预防和一般预防得以实现，达到既保护社会又保护未成年人的双重目的。

13. 语文教学中法制教育的指导

随着我国法制建设的不断完善，对中学生进行法制教育，是学校实施素质教育的重要组成部分。我在语文教学中，根据教材内容，向学生传授有关的法律知识，对加强他们的法制观念起到积极作用。下面结合教学实例谈谈我的具体做法。

词中看"法"

在课堂教学活动中，语文教师必将会使用到不计其数的成语、俗语、歇后语等词语，教师在给学生讲解某一个词语意思的同时，不妨尝试一下用法制视角来解释分析这些词语。如"拾金不昧"一词在字典中的意思是"拾到钱财不藏起来据为己有"。

除此之外，教师还应该进一步从法制视角去讲解，如果我们捡到别人遗失的贵重物品不想返还并且占为己有，按照现行的法律规定，这种行为就属于盗窃行为。为此，不论从哪个层面上来讲，我们都需要对生活中的词语进行最详尽最全面的了解。

再如，"以眼还眼，以牙还牙"在《现代汉语词典》中意思是："比喻用对方使用的手段还击对方。"讲完了字典中的意思，还要从更高层次的法制层面来解析这个词语的意思。如果别人挖了我们的眼睛，我们也一定要去挖掉别人的眼睛。这样看似合情合理的以暴制暴的做法，在古代法制不健全的社会情况下也许行得通，但是在法制相当完备的现在，却没有任何立足之地。

在法制社会的今天，如果我们的合法权利受到侵犯，就应该果敢地拿起法律这个武器来捍卫自己的权利，通过合法的途径来要求侵犯我们权利和利益的人赔偿我们的经济损失甚至是精神损失。

文中插"法"

初中课文相当一部分篇目都涉及到一些法制常识，这就要求我们教师不应该消极回避这些知识，而应该积极主动地承担起讲述课文相关法制知识的重大责任。

譬如，在初中语文《羚羊木雕》一文中，"我"把家里的贵重物品（羚羊木雕）在未得到家长同意的情况下送给了"我"的朋友万芳，以此来表示小伙伴之间的友谊。家长则因为物品的贵重而要求索回，这就形成了一个从道德与伦理角度都不容易讲清楚的问题。究竟是顾及孩子们之间有友谊重要，还是孩子应该听大人的话重要？事实上，如果仅仅从道德伦理的角度讲，这确实是个很难回答的问题，因为孩子与家长双方似乎都有自己的理由，似乎谁都没错。怎样才能对此给出较有说服力的解释呢？只能从法律的角度寻求答案。

我国的《民法通则》对于自然人的民事权利能力和民事行为能力有明确的规定。《民法通则》第十一条规定：*18岁以上的公民是成年人，具有完全的民事行为能力，可以独立进行民事活动。第十六条则规定未成年人的父母是未成年人的监护人。*

由此可见，课文中的"我"把羚羊木雕在未得到家长同意的情况下就送给别人这件事究竟是否正确，首先应该看是否符合有关法律规定。

根据课文内容，"我"的年龄应该是在*16岁以下*，因此"我"的行为应该得到法定监护人（即家长）的同意。课文中的"我"在并没有取得法定监护人同意的情况下，就把家里的贵重物品羚羊木雕送给别人显然是不对的。因此，对课文中提出的"我"究竟应该怎么办的问题，正确的回答是首先应该按法律办。

又如，在讲到唐代现实主义大诗人杜甫的《石壕吏》的时候，需要给学生讲一讲社会主义新中国现行的《中华人民共和国兵役法》。中华人民共和国的公民有履行兵役的义务，但是已经远远不像以前的封建社会一样，国家想什么时候征兵就什么时候征兵，想征用谁就征用谁，而是具有一套完备的法律制度，并且十分合理化和人性化。

书中悟"法"

学生读书阅读，这个看似是和法制教育风马牛不相及，实际上却不是这样，如果我们能够利用好这个途径，就可以收到意想不到的效果。

以情节曲折、人物形象鲜明生动的《水浒》为例，《鲁提辖拳打镇关西》一文，人物形象鲜明，描写手法精妙，教师在引导学生阅读时，都注重了鲁提辖值得歌颂，因为他嫉恶如仇，仗心相助，而郑屠仗势欺人，自私可恶，应该被打死。作为教师，是否可以考虑周全，让学生评论郑屠是否该死？即使该死，是否由个人快意恩仇？要让学生明白，这种行为在宋朝，在今天乃至将来都是一种犯罪。

语文教师应当引导学生多读好书，并使之养成一个终生受益的良好习惯。比如让学生经常阅读"四大名著"、《堂吉诃德》、《老人与海》等古今中外的文学巨著。此外，建议学生利用业余时间阅读《读者》、《青年文摘》、《意林》等优秀刊物杂志。

另一方面，教师还需要讲讲不健康书籍给学生造成的巨大危害，并告诫学生要远离暴力、黄色等不健康书籍。通过讲述一些由于看了不健康书籍而走上邪路的反面事例来教育所有的学生切勿接触这类书籍。

总之，让学生读好书并因此受到熏陶，学生久而久之就可以把书中的一些思想变成具体的实际行动，进而每一个人都可站得正走得直。

玩中学"法"

每学期,我都会在班里举行许多形式多样内容丰富的课外活动,通过这些活动,不仅可以进一步激发学生的学习兴趣,而且还可以提高学生的各种能力。除此之外,我们还可以将法制教育巧妙地融合到这些活动之中。

教师可以组织一些关于法制教育的主题演讲比赛,例如举行"珍惜青春,远离网吧"演讲比赛,让学生清醒地意识到自己不应该沉溺网吧,而应该把自己的大好的青春年华用在学习之中,争取早日获得佳绩来回报自己的老师、父母和其他亲人;举行"青少年如何进行自我保护"演讲比赛,学生就可以明确地了解采取什么方式才是真正的自我保护等等。

还可以开展一些学生辩论赛,主题可以设置成这样:"我们究竟该不该和陌生人说话","钱是不是万能","当官就一定要贪污吗"……

处事用"法"

周末、国家法定节日和寒暑假,学生不应该一味地坐在电视机前面观看电视连续剧,而应该锁定中央电视台的法制频道,观看这个栏目的各个法制节目。法制频道的"今日说法"、"法律大讲堂"等节目,可以让每一个人从中收获到终身受益的法制常识。

另外,我还会有意识地给学生灌输一些法律知识,告诫学生不能允许自己有不良的想法和行为。学生如果那一天无意之间违犯了国家法律的某条规定,一定要积极主动地配合有关部门进行妥善解决。例如,某一天开车不小心撞伤了一个人,千万不要因为担心惧怕而逃之夭夭,而应该主动报警,积极妥善地处理善后事宜,这样才是一个遵纪守法的好公民。

实践证明,把法制教育引入语文教学,不仅有利于加强学生的

137

法律意识，而且有利于提高学生遵纪守法的自觉性，通过这些看得见摸得着的法制教育，让学生根除大脑中的各种贪心邪念，不违法乱纪，踏踏实实做事，堂堂正正做人。

14. 语文教学中"教学民主化"的运用

知识经济时代已经来临，它正引发起着教育的嬗变。随着教育形势的飞速发展，"教育民主化"已成为全世界所有国家和所有与教育有关的人最关心的问题。我校是一所新创办的国有民营学校，招生生源比较特殊。来自不同地区的学生既有城乡之别、家庭文化背景之别，也有学习品质和个性心理的差异。

要想实现"人人享有均等的教育机会，人人享受高质量的教育"这一办学目标，就必须实现"教育民主化"。我校在建校伊始，就确立了"国有民营学校教育民主化的尝试"这一科研总课题。结合教学实际，笔者在语文教学中开展了"教学民主化"的有效尝试。

"教学民主化"的理论依据

（1）"以人为本、尊重学生"的教育理念。马克思说："每个人的自由发展是整个社会健康发展的前提。"教育的终极目标是追求人的全面发展。因此，"以人为本、尊重学生"这一教育理念在教学实践中便可以从"教学民主化"中得以体现。学校教育应努力培养学生的主体性，并充分尊重学生，让学生自主确定学习目的，自觉参与学习，实现自我的充分发展。

（2）"因材施教，面向全体"的教育思想。著名教育家孔子就曾提出"因材施教"等教育思想。每一个人由于先天禀赋和后天环境影响不同而存在差异，人的生理、心理的发展素质、发展速度都会有所不同。"教学民主化"提倡人人享有均等的教育机会，但并不意味着就是对学生实行"一刀切"式的统一教学，而是承认个体差异。因此贯彻因材施教的教学原则，便是"面向全体思想"的具体"外化"。

（3）"培养创新精神和实践能力"的教育目标。我们的教育观念，尤其是教学观念需要从以传授书本知识为中心，转变到以培养学生创新精神和实践能力为中心上来。这是目前素质教育的重点。马斯洛说过："人的创造力有两种，一种是有特殊才能的创造力，一种是自我实现的能力。"教育培养创新精神和实践能力，应同时开发这两种创造力。"教学民主化"的探索目标与素质教育的这一目标是相一致的。

"教学民主化"的基本特征

（1）教学对象的全面性。教师首先要确立每个学生都能成才的观念；其次是面向全体学生，引导和鼓励每一个学生不断进步，超越自我；再次是要注重培养学生正确的自我意识，让学生学会自我评价，自我调节。

（2）教学氛围的民主性。师生民主是"教学民主化"的前提。教师注重创设平等和谐的教学氛围，努力把微笑带进课堂，把表扬激励带进课堂，把竞争参与带进课堂，以调动全体学生学习的积极性和主动性。心理学研究表明：学生在轻松和谐愉悦的教学氛围中易于激发创造性思维和丰富的想象力。

（3）教学过程的主体性。树立教师"教"是为学生"学"服务的教学观念，充分发挥学生自身积极性和主体作用。强调多给予学生自主地创造性地学习的空间和时间，让他们在"动"起来、"活"起来的过程中有创造的体验，以此来彻底改变过去"灌输注入式"的传授教育为"自治主体式"的创造教育。

（4）教学形式的开放性。教学形式的开放既包括教学手段的开放，也包括教学方法的开放。教学手段提倡采用多媒体辅助教学，发挥现代教育技术的整体优势，增加师生课堂交流的机会，优化教学过程，从而实现个性化、主体化教学。教学方法的"开放"，主要是指教师改变过去的"注入式"、"讲授法"为现在的"发现法"、"联想法"、"比较法"、"讨论式"、"启发式"等。

教学中"教学民主化"的尝试

（1）倡导自主学习，发挥整合优势。自主和合作学习，是指充分尊重学生的主体性，追求学生主动求知，培养个人的独创能力；同时注重师生之间、生生之间的合作，相互促进激活思维，达到"教学相长"的目的。叶老云："教是为了达到不需要教。"教育的功能不是简单的知识传授，而是教给学生方法，培养学生的综合能力，从而实现自主发展。自学是"放"，合作是"导"，树立师生、生生"合作"思想。在"放"中激励学生树立创新意识，在"导"中提高学生的创新能力。

比如在文言文教学中，改变以往教师"串讲"为主，学生听记的教学模式。首先要求学生结合注释和查阅工具书，自主学习翻译课文，并要求学生养成根据上下文推断文意的能力，碰到疑难之处发挥"合作"学习的优势，师生共同讨论。这样让学生发挥自主和合作学习的优势，突出了学生的自主性。因此教学效果很不错，学生掌握得更清楚、更牢固。

（2）实施主体性教学，培养创新精神。主体性教学，就是指尊重学生的主体地位，培养学生的主体意识与精神，在教师的指导下，最大限度地发挥学生的主体性，以获得最佳的教学效果。

①构建学生主体观。教师只是提供各种可能，让学生做出创新判断和选择，始终凸现学生的自主活动，教师允许学生课堂争议，鼓励学生敢于发表自己的独到见解，给学生提供自主学习的机会和

时间。如教学《皇帝的新装》一文时，让学生自编自演课本剧，并展开丰富的想象，编写皇帝游行回宫后的故事等教学活动便是充分尊重学生的主体性，让他们创造性地学习。

②树立民主教育观。在教学中：让学生有自由朗读、思考问题的时间，有提问题、训练语言应用的机会，有发表见解、参与辩论、纠正别人错误的权利，有求同存异、发现别人未发现的问题，从不同角度探索解决问题的新途径。

③重视培养学生的思维。思维训练是培养学生主体性的基础。将学生观察、体悟、感受、发现、应用、创造等思维过程放在首位。提倡思维方式多样化，如发散性思维、求异性思维、推想性思维、迁移性思维、批判性思维等，鼓励学生不断创新。

④重视建立自主性教学模式。把培养学生自主学习的能力放在首位，吕淑湘先生早就提出："教学的目的首先是培养自学能力，让每个学生的学习潜力都能够充分发挥出来。"变"封闭式"教学为"开放式"教学。如作文教学：改变过去的"范文赏析——写作借鉴——作文实践——教师讲评"的教学模式，为"确定目标——自由创作——互评互改——范文比照——总结提高"这一新的训练模式，突出学生的主体性。

（3）贯彻因材施教原则，实现个性化教育

①认真处理教学内容。不对学生提出整齐划一的要求，而是根据教学大纲和社会对人才的需求层次以及学生的智力水平相应地给教学内容划分层次。

对知识的理解、掌握、应用等都分设低、中、高等不同层次，使不同学力水平的学生达到不同的要求。练习设计分设层次，让学生选做，让学生产生"跳一跳就能摘到苹果的体验"。而不会有望尘莫及的失落心态，或者丧失学习信心。

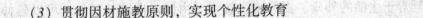

②精心安排教学环节。教师在找准教学内容的重点和难点的同时，认真了解和分析所教学生的实际知识水平，客观分析学生层次，精心安排教学环节。学完每篇课文都留出一些时间让不同层次的学生自由提问，师生合作讨论。

对优秀学生提出要求，让他们课外自读，思考更深更难的问题，锻炼其自学能力；对后进学生不提出不切实际的过高要求。例如指导学生学完教材后写课后阅读心得、读报剪报点评、课外阅读每日一题、美文赏析评点等便是针对不同层次的学生提出不同的具体要求，使他们真正做到人尽其才，人尽其力。

（4）引入现代教育技术，提倡语文教学观。语文教学应该引入现代信息教育技术，激励学生努力学习。比如电子多媒体读物，使学生将阅读与感受、体验结合在一起，大大提高学生阅读的趣味性。

随着我校校园网的开通以及在互联网上运行，学生学习已成为一个完全开放的系统。学生可以查阅校园网上资料库，通过电子邮件等与教师、同学交互联系来完成学习任务。人们常说计算机是二十一世纪的通行证之一。因此语文教学引入现代教育技术是顺应时代的潮流，势在必行。

俗话说："纸上得来终觉浅，绝知此事要躬行"。语文学习的外延等于生活的外延。提倡语文教学要由课内向课外延伸，可以延伸到阅览室，延伸到学校生活，延伸到家庭与社会生活的方方面面。树立起为学生终身学习服务观念，指导学生主动关注社会生活，大量阅读吸收。

在语文教学中，组织活动包括：①辩论会；②指导办手抄报；③自编作文集（写序言、写点评）；④课前三分钟演讲；⑤社会实践报告；⑥诗歌朗读；⑦剪报及评点（初二上）；⑧成语积累及应用（初一上）；努力实践"世事洞明皆学问，人情练达即文章"的大语文教学观。

"教学民主化"的实施体会

语文教学中开展"教学民主化"的探索尽管处于起步阶段，但它已越来越为广大师生所接受，所呈现出来的旺盛生命力令人叹服。因为它不仅解放了多年来禁锢的"以教师为中心"思想，实现了以"以学生为中心，以学生为主体"的教学观念的转变，而且还让每个学生都能找到成功的感觉，实现"教学必须面向全体学生"这一素质教育的总目标。语文课越来越受到学生的欢迎，学生学习的积极性和主动性在更大程序上被调动了起来。

当然在探索过程中也存在一些问题，这些问题又是一些新的课题，有待我们进一步深入探究。比如分层教学，实行"个性化教育"之后如何对学生进行评价？具体评价操作的标准和依据是什么？如何处理好学生的作业量与课外自主学习与活动之间的关系等等值得我们深思。

展望未来，任重而道远。我们的探索会越来越深入，为努力实现"既求人人升学，更求个个成才"的办学目标而奋斗。

15. 语文教学民主化的实践及思考

语文教学民主化，应是社会主义教育民主化的题中之义。在人人享有均等的教育机遇以后，还须正视这样一个不容疏忽的问题，即学生能否普遍受到平等的、民主的教学。民主化的教学观应是跨世纪教师现代意识中极其重要的构成部分，是否在心灵深层培植这种观念，这种教学品格，并在日常教学活动中予以充分的实施，是衡量语文教师心理素质和人格的尺度之一。

课堂教学专制的表现及其危害

现实的语文教学情况并不尽如人意。教学专制的幽灵给我们课堂教学投下了一种阴影，给当代中学生思想发育造成了严重束缚。如果轻视教学专制的严重危害而听之任之，可能造成缺乏发散性、创造性思维的精神畸形儿。

在目前语文课上，教学专制有下列表现：

（1）轰炸式教学。不研究、不尊重学生的学习个性和智趣差异，也不思考、不探讨如何艺术化地、创造性地落实大纲所规定的教学内容，只是"地毯式"地将教学内容倾泻给学生。课后，也不听取学生的信息反馈，不主动了解他们吸收、消化情况如何。整个教学活动结构呈显出一种单向的三点式循环，即教参——黑板——学生笔记，结果是"上课记笔记，考前背笔记，考后全忘记"。表面看，这是教学方法的欠当，实质上是教学观念在作祟，即教师中心主义在作祟，将作为教学的接受主体的学生视为容器一类的被动工具。

（2）训斥式教学。这主要表现在对学生发言的评价态度上。本来，作为学习主体的学生自有其思维和表达的个性特点，其发言更不会完美无缺，对此已臻成熟的教师理当积极鼓励和热情引导，以促其踊跃思辨。但有的教师则不然：他们把自身摆在上位，以教训甚至斥责的口吻，居高临下地非难学生的发言，丝毫也不看到他们可取和进步的一面，同时又自觉不自觉地炫耀自身"智慧的优越"，客观上凌驾于学生的自尊和人格之上。

（3）压迫式教学。这是教学专制最典型和最集中的表现。有的教师总是排斥"微笑艺术"，甚至有意识地以阴天式的所谓"严肃"表情给整个课堂笼罩一层森严的氛围，给学生心灵造成沉重的威压。在教学的展开过程中，又冷酷和专横地压制学生的多向和求异思维，拒绝其创造性的发现。尤其讨厌个别智力超常学生的"放肆"，不惜以斫杀其思维活力为代价来维持课堂上的所谓良好秩序。

上述各种教学专制的表现，不过是择要例举，它们本质的特点在于：教学双方的关系不是建立在人格平等、自然和谐的基础上，缺乏连结心灵的情感纽带，造成人性的扭曲和人伦的异化。

从现象看，也许课堂上的气氛是平静的，而实际上师生的心理距离和心理对峙足以随时撕破这种表面的平静。即使教学能够在高压下"安然"维持下去，但这种专制作风给教学造成的巨大损失已无可挽回。

作为有机主体的学生，由于受专制作风的沉重压抑，智力的发展受到严酷的束缚，诸如多向的分析、独立的判断、创造性的发现等优异的思维品格都很难发展；不仅如此，各种非智力因素也受到斫伤，主动进取，自觉追求的激情减弱了，带有个性特点的志向和兴趣冷却了，应该受到激励的自主意识被消极、冷漠、少有乐趣的被动学习所取代。久之，作为能动主体的人格力量也削弱了，一切只是围绕教师这个中心旋转。

语文教学民主化的若干实践

作为教学专制的对立面，教学民主则是现代民主意识在教师身上的美丽折射，是在课堂教与学的过程中粲然的闪耀。它体现为：教师始终以平等亲和的态度去对待正在成长中的年轻一代，不但尊重他们含苞怒放的智慧、情感和志趣，也尊重其各不重复的个性、可爱的单纯和烂漫的天真；不但尊重他们与己和谐的求同思维，而且也尊重其新锐有余、成熟不够的求异思维。

总之，从人格平等的基本观念出发，不是将学生视为容纳知识的器皿，也不仅仅是接受启蒙、开凿混沌的教育对象，而是人，是真正意义上的新生主体，是未来的思想家、科学家、政治家和诗人，是新世纪的开拓人和创造者。这就需要教师将感情的立足点完全转移到学生身上来，与之同呼吸，共悲欢，再度品味求知的艰辛与幸福；这就需要教师不但具备丰富的知识、艺术化的教学能力，而且具有高尚的人格、恢宏的襟怀、开放型的思维模式，从而有足够的心理能力来承受大胆的质疑和独立的批评。

至于如何在语文课实施教学民主，笔者从教学的基本规律和所面对的实际教学情境出发，作了初步尝试。

（1）创造一种平等宽松的民主氛围。教室是展开教学的特殊环境，这里的感性氛围对置身其中的学生具有潜在的同化作用，而在教学的初始阶段，学生对室内氛围的第一印象尤为鲜明和深刻。

鉴于此，接受新班之始，在教室中张贴一些条幅，诸如："教亦是学，学亦是教"、"先做教师的论敌，再做他的朋友"、"争辩使人聪慧，缄默使人愚钝"等。同时，以饱含真诚的语言告诉同学们：一室之中，在座者均是主人，师生之间，只有年龄差别，没有人格不等。并且鼓励敢持批评意见的"反对派"的出现：从"吾爱吾师，吾更爱真理"的基本准则出发，不断提出独立判断，不断给老师提供完善思想的机遇。

这一系列气氛的渲染，只是为了达到一个目的：尽快泯灭师生之间的心理距离和人伦差异，为教学创设一种无拘束、无畏缩、畅所欲言、敢于争鸣的健康心态和活跃心境。

（2）提倡平等参与课堂双边活动。有师生之分，无尊卑之别。尤其教授文学作品，不同的接受者极易产生见仁见智的歧异，所谓"横看成岭侧成峰，远近高低各不同"即是也。故激励学生放胆而言，不苛求成熟与完善，使其平等地参与到教学进程中来。

基于有缺陷的发言胜于缄默这个基本观点，可以针对课文层层设疑，启发和引导学生展开"舌战"，在观点的碰撞中，闪耀智慧的光芒，让班集体中的每一位成员都切实感到"展览"思想的乐趣和荣耀。

尤其倡导对老师观点的合理"反叛"，引发师生之间的争鸣，使学生意识到：生未必不如师，师未必不可超越。从而消除对教师的盲目崇拜感，激发学生自尊自信自强，建立平等参与教学的新型师生关系。例如，在讲解澳大利亚作家泰格特的小小说《窗》时，倾向于这样的观点："墙"存在于视线中，而风景却存在于近窗病人的想像中，他以描述想像中的美景来给予病友充实和精神乐趣，而小说正是通过前者的美的品格来反衬后者的冷酷自私，从而揭示资本主义社会人际关系的丑恶面。经过阅读和讨论，大家逐渐趋近于这个"共识"。

然而，有位学生沉着地亮出了异见：近窗者也生活于资本主义社会，他的美在远窗者丑的对照下愈见光亮度，因此认为老师所引出的小说主题是顾此失彼，有所偏颇；该同学又比较分析了两位病人向窗口外望的视点高低、时间长短、心态平宁与紊乱这几方面的差异，认为：作为建筑，墙可以存在，远窗病人之所以用极端冷酷的手段夺得"窗口"却只看到光秃秃的墙而不见美的风景，是因为他视点低、时间短、动作和心态慌乱不堪，这样从审美的角度推出小说的主题应该是：目光短浅，心胸狭隘的自私者永远无法窥见美，因为他与美隔着一堵永恒不倒的"墙"。当即，这位学生赢得了许多支持和鼓励的掌声，也令笔者由衷赞叹。如果说该生的见解值得嘉许，那么他独立思考、敢于突破既定之见的胆识更该得到褒扬。

当然，并非学生的所有发言都完美无缺，教师首先应当肯定其思辨的勇气和可取之处，次则以诚挚的态度疏导、辨析，令其心悦诚服，保持继续主动参与教学进程的信心和热情，这正是实行教学民主的关键点。

（3）请学生平等地参与评学。在传统教学模式中，教师对学生的学习成绩具有最高的裁定权，却忽视了学生的自评与互评。这实质上也是漠视学生主体能动性的一种表现。

尤其当学生的自觉意识得到高度强化，内在的进取热情已得到激发，整个身心已沉浸在积极主动的最佳学习状态中，教师就应该在一定程度上审慎地把学业的自评与互评权交还给他们。这既是对他们的品质的信任和能力的锻炼，又能更加激发其活跃的主体意识，感受班集体内平等和谐的自由氛围。

基于上述考虑，笔者有限度地把一些客观型的定量作业，诸如抄写、默写、听写、背诵等交给学生们自检互评，取长补短；同时追补相应的监督手段，即不定期抽查，统批，了解情况，听取反映，及时纠正个别不良行为。

不但如此，笔者还在全面掌握情况的前提下，增加作文批改的公开性和透明度。除了结合恳谈与点拨的面批外，主要采取互荐基础上的公开评议。

具体做法为：先由教师与学生共同拟定该次作文的评级标准，然后以小组为单位，按标准互评（教师巡回辅导）；之后，组内推荐一定比例的优秀作文，由作者登台朗读；最后师生一起复评，决定等级，选出最佳作文。当热烈、真诚的掌声伴着笑声在教室中荡漾起来、溢出窗外，不但被举荐和褒扬的学生，而且其他同学都陶醉在亲切、和谐与喜悦的民主气氛中，眼神中闪烁着主动参与评学的自豪感。此时，也正处于教学的佳境，师生同享教学收获的欢乐，心与心紧密相贴，情与情融成一体。

（4）请学生平等地参与评教。这不但是对教师的教学能力、教学效果的测试，更是对其胸怀和气度，即是否具有宽容的民主意识的一种考验。

教与学是相辅相成、不可分离的两个组成部分，任何孤立的天马行空式的教法，即使教师才华横溢，亦不足取。作为具有现代民主品格和素养的教师，必然常常将关爱与探究的目光投向莘莘学子，倾听其意见，追踪其思路，探析其心态，从而不断调整自己的教学计划和方法，获取最佳教学成果。这中间，听取学生对教学的批评性意见，汲取其合理性成分，尤为重要。正因为如此，笔者主动邀请学生参与评教，把对教学的评估权交还给他们。

除了用公开形式调查学生对语文课的情感态度外，每学期定期举行评教恳谈会，请大家提出自己的感受、批评与建设性意见，并且声明：最欢迎有深度感的独立批评，因为这从另一个角度表明你对语文教师的爱护。

这样，众多学生从不同的角度，点点滴滴，议论纷出。他们的坦诚，他们用朴素的语言所表达的一管之见，使笔者真切领悟到：由于学生的思考是从自身的学习实际出发，故而任何高明的教师都不能取而代之。恳谈会后，每人以书面形式奉献至少一条意见，内容包括对语文教学不足的批评、改进措施，最后可以不署名。平时，学生们的大胆放言更经常性地表现为即时即兴、课前课后的点评。

通过无拘无束的思想交流，教师可以筛滤反馈的信息，及时评估教学情况，作出相应调整；并且由于发挥了学生作为接受主体的能动作用，使其"趋向鼓舞，中心喜悦"（王阳明语），主体意识更加强烈，创造性思维更加活跃，师生情感更为融洽。

实施教学民主的功效

德国完形心理学家莱温，四十年代曾在美国作了"关于民主的领袖作风"的实验研究，证明了教师引导学生在民主气氛中学习，可以提高效率，对此，笔者经过自身的教学实践，产生了强烈的同感。具体说来，至少可以收到下列几方面的成效。

首先，置身于民主气氛浓郁的课堂，就如种子得到了适宜的温床，接受主体的自我意识被催生、勃发，这样学生情绪高涨，"思想发表欲"强烈，课堂气氛呈现活跃、甚至沸腾状。通过讨论与争辩，学生的心理潜能极大地开发出来了，口头表达能力、思维能力均得到实际的锻炼，尤其是发散性、创造性和求异思维应运而生。

其次，作为教学上第二种力量的"反对派"的存在，可以对教师的教学工作保持适度的压力，使其时时谨慎，常常自省，不敢稍有懈怠。实际上，来自学生的智慧构成了对教师的另一种挑战、另一种竞争，敢于迎受，则可使教学长期处于有生命力的活跃状态，否则，即趋萎缩，陷入疲软。

第三，学生感受到师生平等待人的民主作风，更激发对他的信赖和爱戴，这样师生之间的所谓尊卑之别自然冰消雪融，作为教学之天敌的感情疏离与心理对峙就失去了产生的土壤。整个教学就在其乐融融的氛围中进行——而这种氛围正是一系列智力因素和非智力因素顺利发展的最佳环境。

第四，在教师春风化雨式的熏陶下，学生的民主意识得到强化，独立的人格结构渐趋确立，而民主意识和独立人格正是跨世纪现代新人所应该具备的宝贵品质与素养，这样教师在以言传形式完成知识传授的同时，也以身教形式的特殊魅力在执行着另一项应尽的天职，即铸造一代新人健全、完美的灵魂。正是在这样的意义上，教师才算是完整地履行着自己的使命——传播人类现代文明。

16. 实施语文教学民主化的方法

心理健康是青少年走向现代化、走向世界、走向未来建功立业的重要条件，培养学生健康的心理素质是素质教育的重要内容。

教师对学生心理健康的影响是巨大的，许多研究表明，教师的素质和学生的发展有着必然的联系，因为教师性格对学生发展的影响是长期的、潜移默化的，教师良好的素质特征，不仅时时感染和教育着学生，而且能为学生的健康成长提供良好的心理环境。

可在举国上下大力倡导素质教育的今天，由于受根深蒂固的"师道尊严"的影响，教师不尊重学生人格，甚至辱骂、体罚学生的现象，还是时有发生，在学科教学当中，忽视学生的学习心理成长，最终在精神及学业成绩上都产生很大负面作用的现象也是时有发生。

现实的语文教学现状主要是教师尚未彻底抛弃教学中的教师专制，如此做法必定给当代中学生思想造成严重束缚，如果对其听之任之，可能造成培养出缺乏发散性、创造性思维，缺乏独立人格的精神畸形儿。

语文课上的教学专制表现

首先，教师不研究、不尊重学生的学习个性和志趣差异，也不思考，不探讨如何艺术化地、创造性地落实大纲所规定的内容，只是填鸭式地将教学内容倾泻给学生，其结果势必会造成"上课记笔记，考前背笔记，考后全忘记"的恶果。

表面看这是教学方法欠妥当，实际上是教学观念在作祟，即教师中心主义在作祟，将作为教学主体的学生视为容器一类的被动接受的工具，这从实质上来说，也是不尊重学生人格的一种体现。提倡"教师为主导，学生为主体"的教学新模式势在必行。

其次，作为学习主体的学生有自己的思维模式和表达方式，由于学生的知识有着局限性，发言不可能达到完美，作为教师理应对学生进行积极鼓励和热情引导，以促进学生的踊跃思辨。然而，有些教师并不是这样做的，他们把自己摆在上位，以教训甚至斥责的口吻，训斥学生们的发言，看不到他们可取和进步的一面，同时也自觉不自觉地炫耀自身"智慧的优越"客观上凌驾于学生的自尊和人格之上。长此以往势必会给学生的心理留下阴影，他们又怎会发挥自己的主动性和创造性呢？

再次，有些教师老是排斥"微笑艺术"，甚至带着严肃的表情给同学们上课，这使得整个课堂笼罩着森严的氛围，给学生心灵造成沉重的压力。这种做法，只有冷酷的一面，势必以扼杀学生的思维活动作为代价来维持课堂上的所谓良好形象。

上述种种做法的本质特点在于：教学双方不是建立在人格平等、自然和谐的基础上，缺乏连结心灵的情感纽带，即使教学能够在高压下"安然"维持下去，但这种专制作风给教学造成的巨大损失已无可挽回，给学生所带来的心理危害已不可挽回，这从根本上来说，是教师缺乏职业道德修养、缺乏民主意识，不懂尊重学生所造成的恶果。

美国教育家埃根等人在其所著《教师的策略》一书中讲到："教学中不存在一种可以适合于所有教学情景的模式或结构，不同的教学目标需要有不同的教学的策略相适应，世界上不存在一种万能的教学模式。"为了祖国的明天，为了学生的健康成长，我们在学科教育的常规课堂教学中必须纳入心理品质教育这一特定因素，因而必须重新构建一种能把学科教育和心理品质教育有机结合在一起的全新的课堂教学模式。

作为教学专制的对立面，教学民主则是现代民主意识在教师身上的美丽折射。它体现为：教师始终以平等亲和的态度去对待正在成长中的年轻一代，不但尊重他们含苞待放的智慧、情感和志趣，也尊重其各不重复的个性，可爱的单纯和烂漫的求异思维。

语文课的教学民主实施

（1）树立为学生服务的思想。为学生服务，就不应该强迫学生适应自己，而应努力研究学生的心理、原有的知识水平、接受能力，以使自己的教学适应学生的需要，要在教室内创造一种平等宽松的民主氛围，为教学创设一种平等宽松的民主氛围，为教学创设一种无拘无束、畅所欲言，敢于争鸣的健康心态和活跃心境。

（2）建立互助的师生关系。教与学之间的关系，绝不是教师居高临下，我讲你听，我管你服的关系，而应该是互助的、平等的关系。一方面教师帮助学生学；另一方面，学生帮助教师教，在课堂发言中，提倡见仁见智，不可求成熟与完美，尤其提倡对教师观点的合理"反叛"，引发师生之间的争鸣，使学生意识到：弟子不必不如师，师不必贤于弟子，闻道有先后，术业有专攻，如是而已。当然，并非学生的所有发言都完美无缺，教师首先应当肯定其思辨的勇气和可取之处，次则以诚挚的态度疏导辨析，令其心悦诚服。

（3）请学生平等地参与评学、评教。在传统的教学模式中，教师对学生的学习成绩具有最高的裁定权，却忽视了学生的自评和互评，这其实是漠视学生主体能动性的一种表现，尤其是当学生自觉意识得到高度强化时，教师就应当在一定程度上审慎地把学业的自评和互评权交给他们，诸如抄写、默写、听写、背诵等交给他们自检互评、取长补短，教师也可不定期的进行抽查，了解情况，听取反映，及时纠正个别不良行为。

在作文教学中，教师可以在全面掌握情况的前提下，指导学生互评互改，具体做法是：先由教师与学生共同拟定该次作文的评级标准，然后以小组为单位按标准互评，教师巡回指导，之后每组推荐一定比例的优秀论文，由作者登台朗读，最后师生一起复评，决定等级，评出最佳作文。通过评学，师生之间可以同享教学收获的欢乐，心与心紧密相贴，情与情融成一体。

请学生平等参与评教，这不但是对教师的教学能力，教学效果的测试，更是对其胸怀和气度，即是否具有宽容的民主意识的一种考验，作为具有现代民主品格和素养的教师，必然常常将关爱和探究的目光投向莘莘学子，倾听其意见，追踪其思路，探析其心态，从而不断调整自己的教学计划和方法，获得最佳教学效果，而教师最终也必将赢得学生的信任和尊敬。

总之，实施课堂教学民主化，是社会主义教育体制对教师提出的重要要求之一，也是教师提高自身师德修养的一个重要方面，教师只有全方位提高自身的素养，才有可能培养出德、智、体全面发展的心理健康的社会主义事业的接班人，教师只有具备了这一宝贵的品质与素养，才能完整地履行自己的使命，才能无愧于"人类灵魂的工程师"这一神圣称号。

17. 历史教学中进行民主法制教育的策略

民主和法制是人类历史发展进程中的重要政治现象。树立民主与法制意识是现代公民必备的基本素质。高中历史新课标在必修一、必修三和选修二中对民主出现的历史背景、民主思想与实践的历史过程和发展趋势做了详细、全面的介绍。

在历史教学中对高中生进行民主法制意识的教育，既是落实历史课"情感态度价值观"教育目标的要求，又有内容的依托。由于历史学科所学习的内容，是人类历史发展过程中已经发生的现象，具有绝对真实性。

所以，在历史教学中对学生开展民主法制意识教育具有时效性。因此，结合历史教学对学生进行民主法制意识教育具有现实性和可行性。在教育过程中，最重要的是，要科学制定教育策略。

坚持教育的形成性原则，注重教育的过程

根据认知心理学家皮亚杰提出的儿童认知发展理论基本原理，

我们可以了解到，学生在与周围环境相互作用的过程中，逐步构建起关于外部世界的知识，从而使自身认知结构、价值观都得到发展。

学生与环境的相互作用涉及两个基本过程，即"同化"与"顺应"的过程。通过同化，学生把外部环境中的有关信息直接整合到自己原有认知结构中去，通过顺应，学生把自己认同的价值理念融合到外部世界中去，对自己的认知结构进行重组与改造。通过调查，随着我国经济体制改革深入发展，学生同社会其他各界一样，希望推进我国政治体制改革的进程。加强社会主义民主与法制建设是我国政治体制改革的方向。

因此，学生对民主与法制建设很感兴趣，在培养学生民主与法制意识方面就有了基础。通过进一步学习，学生在民主与法制意识培养的问题上，就有一个量变的过程。通过量变，到一定阶段，就会发生质变，即达到"顺应"境地。

所以，我们对学生的民主与法制意识的教育，就需要坚持形成性原则，循序渐进，在潜移默化过程中培养学生的民主与法制意识。

坚持教育的形成性原则，就要做到教育过程的计划性，方式的多样性。

这个过程恰好与高中历史教学的过程同步。我们因此制定了对学生进行民主法制意识教育的两年计划。

在内容上，通过高一阶段的必修一人类政治文明进程和高二阶段的必修三人类文化发展历程的学习，促进学生认识我国和西方在民主法制建设中不同国情。在农耕经济条件下，中国古代君主专制的中央集权制度形成发展过程及其对中国社会发展所起的作用，是当代中国开展民主法制建设的历史基础。中国经历了两千多年的君主专制统治，已经形成了一种传统势力，这种传统力量在中国社会发展过程中主要起着积极作用。

例如，全国政令的高度统一，维护了中华民族的统一，维护了中华民族的独立，有效地组织了全国性的大规模经济建设，产生了领先于世界两千多年的中国式的农耕文明。一直到康乾时期，中国经济总量还是在世界上处在领先位置。而且，中国古代的民本思想，虽然不能等同于民主思想，但也表明中国社会还是存在着一定程度的民主氛围的。

中国文化的纷繁多彩，思想的异彩纷呈，就是证明。与此相应的，西方民主与法制意识是建立在多种经济形式，主要是工商业经济基础上的。西方的工商业经济经历了一个曲折漫长的发展过程，古代的雅典民主政治、近代西方代议制政治，以及相应的思想文化成果也经历一个漫长的曲折发展过程。而且，西方的民主，本质上是少数人的民主，一直到今天，虽有所发展，但本质依然没有改变。

我国今天要建立的是绝大多数人的人民民主，时间只有50余年，而且经历了文革期间的曲折，还或多或少地受到过去两千多年的历史传统影响，中国式的民主与法制是一种全新的创新性民主与法制体制，所以，现代中国的民主与法制建设任重而道远，也有一个渐进的过程。这样教育，就达到了促进学生认识中国和西方在民主法制意识建设上的不同国情的教育目的。

在方法上，我们采用了多种形式的教育方法。这些方法，归结起来有三类：

（1）形成学生正确的认识。结合教学内容，教师提出一些建议性的学习课题，例如，中国古代君主专制的中央集权政治是怎样形成和发展的，如何正确认识古代雅典民主政治，等等，教师事先准备或学生按教师的要求做好相关资料的准备，由学生提出设想、假设，开展学习活动。

（2）形成学习的成果。学生与周围环境的相互作用，对于学习内容的理解起着关键性的作用。例如，在古代雅典民主政治的学习中，我们组织了这样一个研究性学习题目：苏格拉底是学生熟知的古希腊著名的哲学家、教育家。但是，公元前 399 年，雅典民主法庭以"不信神"和"误导青年"的罪名判处他死刑。为什么雅典民主法庭会对如此伟大的思想家作出如此的判决呢？这又说明了什么？《从苏格拉底审判得到的》为题的研究性学习形成了。通过协作学习，学生写出了一些有一定质量的小论文，得到了正确认识。

（3）学生进行自主学习。课题由学生自己或教师提出，整个过程都由学生自己独立进行，教师仅仅担当学生学习的辅助者和组织者。

上述教育过程，也就构成民主与法制意识教育的"同化"过程。

坚持教育的选择性原则，强调教育的针对性

高中历史课中，对学生开展民主法制意识教育的内容是非常丰富的，但学习时间有限，且受到学生人生经验、认知水平等因素的制约，不可能穷尽这种教育的全部内容，只能选择典型的、能帮助学生澄清模糊认识的、符合学生认知特点的内容，开展教育活动。所以，在对学生进行民主法制意识教育过程中，要坚持教育的选择性原则，提高教育的针对性。

归结我们的教育实践经验，主要选取了三个方面的教育材料：

（1）引导学生认识民主和法制是人类政治文明发展的产物和进步成果，增强参与民主法制建设的主动意识和积极性。

例如，西方近代代议制政治发源于 13 世纪的英国，经过了漫长的 6 个世纪发展，直到 19 世纪中期，代议制政治才在西方普遍建立。代议制民主政治促进了西方社会的稳定发展，为和平解决国内矛盾提供了有效途径，促进西方国家内部政治的稳定，为经济持续发展提供政治保障。这是进步的。

但是，600 余年来，不少仁人志士为此进行了艰苦的斗争。英国的民主政治就经历了这样一个过程：13 至 17 世纪，经过和平的、暴力的斗争，建立了议会主权，其中就包含了克伦威尔等为代表的一批人的艰苦斗争，到 18 世纪，形成政党政治和责任内阁制，到 19 世纪中期，成年男子获得普选权，其中就经历了普通工人参加的宪章运动。到 20 世纪 60 年代末，18 岁以上的男女公民才获得了普选权。从这里可以看出，西方的民主不是从天而降的，而是人民参与逐步建设的。中国新式的民主与法制建设，也要有中国公民，包括高中阶段的青年学生主动地、积极地、正确的参与。这样就养成了学生在民主法制建设方面的参与意识。

（2）引导学生认识民主和法制建设是一个不断完善的过程，增强学生对我国现代民主法制建设进程的理解与支持。

选择典型材料就可以说明这个问题。前文谈到的英国，其民主与法制建设经历了 7 个世纪之久。标榜最民主的美国，其民主政治也经历了几个世纪，是一个不断完善的过程。1781 年，美国宣布建国，1783 年宣布独立，1787 年制定宪法。此后，经过多次修订，直到 1992 年还产生第 27 条修正案。尽管美国在法律上比较完善地解决的民主与法制问题，但美国社会的传统势力依然根深蒂固，公民的民主与法制意识依然有待加强。

据报道，尽管美国早就废除了种族制度，但美国著名黑人球星科比·布莱恩特于 2001 年 4 月 18 日与白人女子瓦妮莎·莱娜结婚，立即引起美国社会的争议，此前，科比·布莱恩与瓦妮莎·莱娜的恋情只能秘密进行。这不是对美国民主制度的讽刺吗？结合高中历史必修一的内容，我们可以看到，新中国成立以来，民主与法制建设取得了巨大成就，但其中遇到过文革的破坏。所以，民主与法制建设是一个曲折发展的过程，是一个不断完善的过程。学生了解这些情况，对我们今天民主与法制建设的进展就有了理解与支持。

（3）引导学生认识参与和尊重民主与法制建设是每一个公民的权力与义务，增强学生参与民主与法制建设的使命感。

一个社会，一个国家，都是由每个人组成的。每个人既是社会民主与法制建设的参与者，又要尊重社会民主与法制建设的成果。这方面的事实很多，前人已经做出了表率。苏格拉底、华盛顿都是例子。今天看来，苏格拉底"不信神"和"误导青年"的罪名都是莫须有的罪名，雅典民众法庭却判处他死刑。苏格拉底的学生为此替他说情，本可以免死刑，但苏格拉底尊重法庭审判。华盛顿是美国开国元勋，第一位选举上任的总统，连任两届总统之后，他不再连任。其间，有人劝他与大多数国家一样，称君主，建立家天下，华盛顿进行严厉批评。

一个社会的民主与法制建设，就是公民自己民主与法制意识加强的结果。这就有利于增强学生参与民主与法制建设的自觉性和使命感。

这种教育，具有选择性，以事实为依据，事例典型，与教学紧密结合，针对性强，说服力强，教育效果当然就比较理想了。

坚持学生为主体的原则，讲求教育的实效性

学生是受教育的主体，只有学生愿意接受教育，并将受教育的成果变成自己的自觉行动，教育的实效性才会最高。著名教育家陶行知先生在这方面为我们提供了理论指导和实践的示范。他提出教学做合一的理论。他说，教的法子要根据学的法子，学的法子要依据做的法子。为此，他提出了六大解放的主张，即，解放学生的头脑、解放学生的双手、解放学生的嘴巴、解放学生的空间，解放学生的时间。

民主与法制意识教育，是一个严肃而枯燥的话题。只有借鉴六大解放思想，发挥学生主体性作用，这个教育过程才显得生动活泼。

（1）结合教学内容，推荐阅读材料，让学生自己去接触、思考、感悟人类民主与法制建设成果，促进学生由感性认识飞跃到理性认识。

例如，在学习新中国民主与法制建设成就时，我们不光列举建国后的成就，还推荐学生读1982年《中华人民共和国宪法》、美国1787年宪法等原文，推荐学生看凤凰卫视播放的"李敖有话说"栏目，学生对民主与法制建设就有一个时间、空间的比较，形成感性认识。

（2）组织学生讨论，促进学生这个同年人群之间思想火花的碰撞，提高学生的个体认识。

例如，我们学完"从科学社会主义理论到社会主义制度的建立"这个单元，给出了一些问题："马克思主义是不是民主"、"苏俄政权的建立是不是新型民主的发展"等，指导学生访谈老师和其他社会人士，并就此开讨论会。通过讨论，学生进一步明确了对民主的认识。

（3）组织学生参加调查、参观等活动，了解中国现代民主与法制建设情况。

组织学生上网了解现代中国立法情况、香港、澳门基本法执行的情况，参观村委会、居委会等基层民主选举情况，旁听学校领导定期进行的述职报告等。

上述活动，落实了六大解放，发挥了学生学习的主体作用，使民主法制意识的教育落实到学生的生活中，深入到学生心底，增强了教育的实效性。

对高中学生进行民主与法制意识教育，是落实历史课程三位目标的重要举措，是发挥历史教育功能的重要途径。其教育策略还有待于进一步探索。

18. 小学语文教学中的法制教育

少年儿童是祖国的未来和民族的希望，而公民法律素质的高低，尤其是未成年人法制观念的强弱，更是一个国家法制建设民主化、科学化程度的重要标尺。

2000 年 2 月，江泽民同志在《关于教育问题的谈话》中指出："教育是一个系统工程，要不断提高教育质量和教育水平，不仅要加强对学生的文化知识教育，而且要切实加强对学生的思想政治教育、品德教育、纪律教育、法制教育。法制纪律教育是素质教育的重要内容，遵纪守法是我国 21 世纪创新型人才必须培养的基本素质。目前在校的中小学生，正是 21 世纪我国社会主义现代化建设的预备队和生力军，切实加强对他们的法制教育，从小培养他们的法律意识，教育他们学法、知法、守法、用法，进而增强他们的法律素养，深化社会主义法治观念，不仅是加强对未成年人的保护、遏制严峻的未成年人犯罪发展态势的现实要求，也是实施科教兴国战略的基础性工程，更是实现依法治国方略，建设社会主义法治国家的百年大计。"

由于我国党和政府十分关心和高度重视，青少年犯罪率在世界上一直是比较低的。但近年来由于各种消极因素和不良环境的影响，我国青少年犯罪率日渐突出，给社会、家庭和个人造成了严重的危害和巨大的不幸。

当前，青少年违法犯罪的现状不容乐观，可以用"数量多、危害大、蔓延快"九个词来概括。从数量上看，全国约 2.5 亿学生，其中违法犯罪青少年约占青少年总数的万分之六。大城市更高，达到万分之二十点六。其中青少年犯罪占刑事犯罪的比例达70%左右；少年儿童正是长身体、长知识，人生观和世界观逐步形成的时期。

在这个时期，他们思想认识上渐趋成熟，敏感好奇，富于想象，喜欢模仿，但辨别能力差，以致在追求新奇刺激面前，极易受不良影响而导致违法犯罪我们所教的学生他们正处在生理和心理的生长发育阶段，具有极强的可塑性。

那么如何才能使他们在人生的道路上既学到了知识，又不走错路呢？我想就应该从小培养学生的法律意识，进行法律素质培养，不仅可以预防和减少学生违法犯罪，更重要的是可以促进他们养成依法办事，遵纪守法的良好习惯，促进学生的健康成长。而小学语文教学在法制教育这方面有得天独厚的作用。因此，在语文教学中，我们可以凭借学科特点，通过多种途径进行法制教育。

语文课堂教学要贯穿法制教育

语文课堂教学就是实施小学法制教育的主要场所。我们要善于结合实际，既深刻挖掘德育内容，又巧妙设计渗透方法。在向学生传授知识的同时，充分挖掘里面的教育因素，把握时机，适时渗透，使学生在"随风潜入夜，润物细无声"中受到教育。

《我的战友邱少云》一课感人至深，是对学生进行思想教育的一篇范例。在教学时，我抓住"烈火在他身上烧了半个多钟头才渐渐地熄灭。这位伟大的战士，直到最后一息，也没挪动一寸地方，没发出一声呻吟。"中的"一寸"、"一声"这两个关键词，让学生理解烈火烧身是，即使发出"一声小小的呻吟，一点小小的挪动"也是无可厚非的，但邱少云没有这样做。引导学生理解邱少云为了战友的生命安全，为了整个战斗的胜利而献出宝贵的生命的自我牺牲精神和集体主义精神。教学进行到这里，可以说已经基本完成了课文的德育目的。但我们还可以通过进一步的深入挖掘，找出对学生进行遵纪守法教育的渗透点。我让学生设身处地的想一想：当时他为什么没有那么做？如果这样做了会有什么样的后果？接着引导学生通过进一步阅读课文明白：咳嗽一声或者蜷一下腿，都可能被敌人发觉。那么"我们整个班，身后的整个潜伏部队都会受到重大的损失，这一次作战计划就会全部落空"。从而提出每一个小小的疏忽都能带来严重的后果这个浅显却又深刻的道理，引导学生联系生活实际进行论证。这样通过引申拓展，引导学生明白什么情况下应该怎样做，什么情况下不应该怎样做，什么情况下不能怎样做，对学生进行遵纪守法的教育。

另外在教学《钓鱼的启示》这篇文章时，我先引导学生思考面对这条比规定的捕捞时间早了两个小时的大鲈鱼，"我"和父亲的态度一样吗？这时我启发学生思考"父亲为什么要'我'把钓到的大鲈鱼放回湖里去？"这个问题。学生在自读自悟中，慢慢领会了其中蕴含的深刻的道理。教学的目的也就基本达到了。接着我又引导学生从父亲的动作"划着""看了看""盯着""看了好一会儿"，想想此时父亲会想些什么？他又是怎么做的，怎么说的呢？从而让学生理解父亲从小严格教育"我"，是想让"我"成为一个不贪便宜，诚实守纪的人。进而达到了对学生的法制教育。

在教《一个小山村的故事》一文时，大家看到一个美丽的小山村，由于人们过度的砍伐树木，致使土地裸露，极大地消弱了森林的防护能力，终于在一场连续的大雨之后，咆哮的洪水将小山村卷走。同学们都为之叹息，惋惜。大家都说小山村的人们呀，你们真的不该这样做，多么美丽的村庄就这样毁于一旦。使学生深深地知道了不爱护自然，就必然受到大自然的惩罚，毁坏山林就是毁灭自己，从而知道了保护生态环境的重要性。讲课文的过程中也讲到了毁坏森林就是违反了《森林保护法》，也要受到法律的制裁。这样学生在学习语文课程的同时，也受到了一次深刻的法制教育。

在作文教学中融入法制教育

叶圣陶先生指出作文教学思想的精髓就是"教作文与教做人的统一"，如何在作文教学中处理好这个"统一"，是语文教师经常遇到的一个问题，依据作文就傲雪的自身特点，可对学生进行生动而全面的法制教育，因此，应该吧作文教学是为教育的重要课堂。正如一位同学在学完《钓鱼的启示》一课时谈到：我敬佩文中那位父亲。看到他我不由得想起了我的父亲。父亲的一生是平淡的，没有什么财富可得，但他正直诚实，他用很高尚的道德标准要求自己。我无时无刻不在受父亲的影响，慢慢地拿他的行为准则来衡量自己，我不会在无人看管的信号灯前违规，不会随手丢掉任一张纸屑，不会把多找回的零钱据为己有……我也要向他们学习成为一名遵纪守法的好学生。

写日记也是渗透法制教育的一个重要渠道。有位教育专家说过："日记是道德长跑，每天坚持，促使人心灵求真向善爱美。"学生写日记是，说真话，说心里话，这便起到了使人求真的作用。同时，写日记能规劝自己上进，劝人改过。作为语文教师，我充分利用日记这种写作形式，一道学生联系生活中不文明、不规范行为，乃至违法犯罪现象，通过日记这个载体进行内心的真实表露，接受深刻的教育。同时通过批阅，对学生进行面对面的心理健康指导，针对性地进行日常行为规范教育和法制教育。

在语文实践活动中引入法制教育

生活是学生取之不尽，用之不竭的教育素材。学生是生活中的人，他们在成长过程中必然慧耳濡目染一些社会现象。语文教学中，我们除了要积极缩短教学与生活的距离，将学生的感性认识和理性认识统一起来，还必须主动拓展教学空间，开展丰富多彩的课外活动，引导学生在社会实践过程中得到情感的体验，从而巧妙的渗透德育内容和法制教育内容。

（1）利用品德课、队课。每学期开学初，我都能根据学校的要求，利用品德课，队课等时间组织学生学习"小学生日常行为规范"、"学生守则"、"防未成年人保护法"、"义务教育法"、"公民道德建设纲要"等，学生在学习这些法律知识的同时，也对照自己的行为，不断提高法律意识，为学生遵纪守法奠定了基础，取得了良好的教育效果。

（2）利用周会、班队。以周会、班队会为依托，积极开展好"发在我身边"、"做一个文明遵纪的孩子"、"远离毒品、珍爱生命""争做小律师"等学习主题的班队会活动。实际教育中，我利用班主任工作的优越条件，组织学生开展了丰富多彩的活动，要求学生积极收集与学生生活联系紧密的违法事件的资料，开展讨论交流，通过广泛参与，使学生积极主动的学习法律知识，接受一次次的法制教育。

（3）积极开展各项活动。积极开展以"演讲、征文、讲故事、编课本剧"等活动，培养学生遵纪守法、诚信待人等良好习性。比如开展"诚实与信任"演讲比赛，全班同学就这个课题收集了大量材料，较全面地讲述了诚信在社会生活中的重要作用，并决心作一个诚实守信的孩子；通过开辟法律专栏，组织开展知识竞赛、主题座谈会、法律宣传咨询、征文、演讲等系列活动，增强青少年依法自我保护的能力和全社会保护青少年合法权益的意识。

（4）学校与家庭的配合作用。家庭的配合是学校工作的主要一环，我们通过教师家访，定期召开家长会，举办家长学校，建立学校与家庭联系制度等，充分发挥家长在法制教育中的作用，努力实现家校互动，提高法制教育的质量。

　　选择渗透点的方法还有很多，但有一条原则是共同的，即寻找和探求课文中思想火花的迸发点，只要我们从这个基本点出发，实事求是，结合学生思想进行教育，这样就能不断提高学生的法律意识。

　　所以，教育好下一代，不光是使他们学到扎实的科学文化知识，更重要的还要教育好他们如何做人，懂得做人的道理。在小学阶段就要对他们进行加强社会主义法制的教育，使每个学生都要学法、守法、用法，用法律武器来保护自己的人身权利。教育学生做一个守法的好公民，培养学生的良好学习习惯，将来成为社会主义事业的建设者和接班人。

19. 小学语文教学中渗透法制教育

　　少年儿童正处在生理和心理的生长发育阶段，具有极强的可塑性，是我们国家的未来、民族的希望。公民法律素质的高低，尤其是未成年人的法制观念的强弱，更是一个国家法制建设的民主化、科学化程度的重要标尺。对小学生从小进行法律意识培养和法律素质教育，不仅可以预防和减少学生违法犯罪，更重要的是使他们养成依法办事、遵纪守法的良好习惯，促进他们健康成长。

　　叶圣陶曾经说过："学语文，就是学做人。"现行语文教材中涉及法制教育的素材有很多，是渗透法制教育的最佳途径。语文学科中蕴涵着丰富的思想品德教育因素，我们应当充分挖掘教材，在传授知识、培养能力的同时，结合实际，进行学科渗透，巧妙地融法制教育于语文教学之中，让学生从小就树立法制观念，确保青少年的健康成长。充分、合理、科学地挖掘语文课程中的法制教育资源是一种现实、可操作而又有实效的途径。凭借学科特点，让法制教育取得"潜移默化，润物无声"的效果就显得尤为重要。

在课堂教学中渗透，树立法制观念

语文课堂教学是实施小学法制教育的主要场所。在科技迅猛发展的当代，学校教育也已不能仅仅满足于对知识的获取和积累，学生也不应仅仅具备读写计算能力，更要求他们具有生存能力，而语文教学在完成学校德育工作任务方面有着得天独厚的先决条件。因此，教师在语文学科教学中应凭借学科特点，挖掘教材内容，既注重情感的熏陶，又进行法制方面的引领。

通过多种途径进行法制教育和德育渗透，让学生从小就有法制观念，知道用法律保护自己，养成懂法守法的习惯。在语文学科教学中渗透法制教育时，必须将语文教学内容与法律知识有机结合，既不能把语文课上成法制课，也不能漠视语文教材中蕴含的法制教育因素。

三年级下册课文《李广射虎》讲述了飞将军李广在一个月色朦胧的夜晚拈弓搭箭，把一支白羽箭深深地射入老虎（石头）中的故事。我在带领学生体会李广将军的力大无穷与神勇无比的同时，将问题深入一步，问学生："老虎是国家珍贵的保护动物，我们是不能伤害它的。现在有些人铤而走险，捕杀老虎、藏羚羊等国家保护动物来牟取暴利。你们怎样看待这件事情呢？"学生经过讨论、交流，明白了保护动物的重要性，懂得了捕杀野生动物触犯了《中华人民共和国野生动物保护法》，是犯罪行为，从而使学生的法制意识得到增强。

在综合实践中模拟，形成法制道德

利用语文综合性学习，开展丰富多彩的语文活动，是语文教学的重要特色。《语文新课程标准》指出："语文综合性学习可以加强语文课程与其他课程以及与生活的联系，促进学生语文素养的整体推进和协调发展。"因此，开展综合性学习自然也为学生创设法制氛围的绝佳途径。

教学中，我积极缩短教学与生活的距离，将学生的感性认识和理性认识统一起来，主动拓展教学空间，开展丰富多彩的课外活动，引导学生在社会实践过程中得到情感的体验，从而巧妙地渗透品德教育、法制教育。

在习作活动中关注，规范法制行为

习作是学习语文的最高层次。它既是个体对生活现象的深切感受，也是个体对生活实践的独特体验。在习作教学中引入法制事件，诱发学生思考、分析、反思、讨论。如中央电视台的《今日说法》《道德观察》《法治在线》《大家看法》等栏目深受观众的喜爱，原因不仅是由于它们在选题贴近百姓生活，普及法律常识，而且还得益于每一期都有一个好标题。利用这些媒体资源可以向学生传授相关知识，提高习作水平，更重要的是能够以这些特殊的案例，引发学生的思考，表达自己的看法，规范自己的行为。

在小语习作中，有很多内容要求学生关注生活，从现实生活中取材，这就要求教师在指导学生习作时引导学生进行综合实践调查，搜集相关资料，善于用法律标准来明辨是非。在习作中，我还利用写日记这一渗透法制教育的重要渠道。

学生在写日记时说的是真话和心里话，这便起到了使人求真的作用。同时，写日记能规劝自己上进、自省，劝别人改过。让学生联系生活中不文明、不规范行为，乃至违法犯罪现象，通过日记这个载体进行内心的真实表露，接受深刻的教育。同时教师通过批阅，对学生进行面对面的心理健康指导，针对性地进行日常行为规范教育和法制教育。

在口语交际中讨论，确定法制认知

口语交际是语文教学重要的组成部分。利用口语交际活动，不仅可以锻炼学生的口头表达能力，还可以激发他们的思考，从事物的表象认识到事物的内层，会在自己的心理形成一种强烈的认知。我经常引用生活中的、报刊上的、电视上的那些违法犯罪的事件，组织学生进行口语交际，发表他们自己的观点，因为这些最能激发他们表达的欲望和交流的热情。

在学生激烈的表达自己的看法和感受的同时，教师只需要再往深处引导一下，思考产生犯罪的原因，寻求解决问题的办法。自然而然地就把学生的思维转向了对规则的认知上来，使他们学会遵守法律、法规，一切行为以法律法规为准绳，从而深化他们遵纪守法的意识，强化对法律法规的认知。

加强小学生法制教育，我们小学语文教师责无旁贷！选择教学中渗透点的方法还有很多，但有一条原则是共同的，即寻找和探求课文中思想火花的迸发点。只要我们从这个基本点出发，结合学生思想进行教育，这样就能不断提高学生的法律意识。

让我们一起努力，在小学语文教学中渗透法制教育，培养学生良好的学习、生活习惯，提高学生法制观念和明辨是非能力，使他们成为学法、知法、守法、用法的合格公民，成为社会主义事业的接班人。

20. 小学语文民主和谐的乐学教学法

语文是最重要的交际工具，是人类文化的重要组成部分。小学语文是促进学生发展，为他们终身学习、生活和工作奠定基础的一门重要学科。

　　作为一名小学语文教师，我既倍感荣幸，又深知责任重大。当前倡导的素质教育，其核心就是培养学生的创新意识、创新精神、创新能力和创新人格。如何在小学语文教学中开发并培养学生的创新能力，最大限度开发学生的创造潜能，把学生培养成敢于创新，勇于挑战的高素质人才呢？我在教语文课时，一开始，我就以崭新的教学法，即民主和谐的乐学教学法上课，半年来，收到了较好的效果。

　　放下架子，营造和谐的教学氛围

　　哈佛大学校长普西认为，创造力是一流人才与二流人才的分水岭。课堂教学是师生情感交流的场所，应以学生为主体，教师为主导，给学生营造平等和谐的教学氛围，培养学生的创造力。

　　我上这个班的第一课时，我乐呵呵地走进教室，一阵"起立——敬礼"后，同学们坐得是端端正正，一个个怯生生的。为了打破僵局，我便开始了自我介绍："同学们，认识我吗？不认识！是吗？我姓杜，名聪，乃杜聪是也！"（板书：杜聪）这时几位胆大的开始悄悄地笑了。

　　我又继续介绍："我头发虽白了，可才四十多岁；文化水平仅大专毕业。从今天开始，我就教你们的语文课，不知大家喜不喜欢我？"大家都异口同声地说："喜欢！"我笑了，同学们也笑了。僵局就这样打破了。

　　紧接着，我挑战性地问了一句："哪个能向杜老师一样也介绍介绍自己？"这时一个女同学举起了手，我向她示意后，她站起来说："我姓刘，名姗杉，乃刘姗杉是也！我的特长是唱歌，在班上担任文娱委员。"我问："同学们，她说得好不好？"大家说："好！"响起了一阵热烈的掌声。

　　随后又有几位同学起来向我作了介绍。我一一表扬了他们。这时好多人举起了手，我说："由于时间关系，我们以后慢慢认识吧！下面我开始教大家怎样读书好吗？"大家都说："好！"

于是我首先就教大家怎样总览语文课本，看全书有多少个单元，要新学哪些知识。大多数学生都不知道从哪儿下手，我便教他们看目录。大家一上子来了劲，教室里响起了"哗哗"的翻书声。

不一会儿，好几个同学举起了小手。我一一抽他们起来说，无论他们说得对否，我都用赞许的目光向他示意，让他们有成功的体验。在同学们一阵激烈发言后，我做了总结，充分肯定大家说得对的地方，指出了没说到的。这样，全班都不紧张了。

接着，我又教大家怎样了解一个单元的学习重点、怎样预习一篇课文。就这样，一节课就这样轻轻松松地上完了，临下课时，我只布置了一个作业，那就是预习第一课。有的同学问："老师，写不写生字？"我说："你看办吧！"。一下课，同学们就围了上来，亲热地问这问那。我好高兴，因为他们已接纳我了，喜欢上我了。

质疑解难，让其自主求索

古希腊普鲁塔克说得好："头脑不是一个要被填满的容器，而是一把需要被点燃的火把。"教学的艺术不在于传授，而在于激励、启发、引导，教师职责不在于"教"而在于指导学生"学"，教师的角度定位不应是一个好"演员"，而应是一个好"导演"。

那么，如何引导学生参与课堂教学呢？我在教学设计上打破老师早就设计好固定的教学模式圈让学生钻的传统教学方法，充分尊重学生，根据他们在本课中想知道什么，想学些什么，让学生提出问题，在课堂上灵活地按照学生的问题来组织教学，适时解决重、难点，让同学们在轻松愉快的讨论中满足欲望，学到知识，提高能力。

如在教第一课《小站》时，我首先问："同学们，你们在预习时遇到了什么问题？"同学们举手了，有的说："'栅栏'是什么？"

有的问："第一自然段明明写小站上的三五个人影眨眼就消失了，为什么第二自然段又说小屋左边的那张红榜上的 241 天安全无事故的记录都看清了？"

有的问："火车开得那么快，为什么蜜蜂'嗡嗡嗡'的声音都听得见？"

有的问："为什么一股活泼的喷泉，几树灿烂的杏花就给旅客带来了温暖的春意？"……

我在同学们的提问中选了两个问题让同学们讨论，一是"第一自然段明明写小站上的三五个人影眨眼就消失了，为什么第二自然段又说小屋左边的那张红榜上的 241 天安全无事故的记录都看清了？"让同学们知道观察事物，由于观察点不同，看到的事物也就不同。

二是"为什么一股活泼的喷泉，几树灿烂的杏花就给旅客带来了温暖的春意？"我在同学们讨论的基础上点拨道："这喷泉是小站工作人员精心设计的，杏树是小站工作人员亲手栽的。在这四周是光秃秃的石头山，没有什么秀丽景色的小站上，人们能看到这活泼的喷泉和灿烂的杏花，心情必然为之一振，感受到温暖的春意，同时也感受到了小站工作人员全心全意为旅客服务的一片深情。"

通过这样的自读、自悟、讨论、交流，我只在学生思路阻滞时给予疏通；认识模糊时加以点拨；方法欠妥时给予指导；表达不畅时给予帮助；学有成效时给予鼓励；让学生自主求索，真正成为课堂的主人。既突出了重点，又突破了难点，使整个课堂其乐融融，民主和谐。教学效果也就不言而喻了。

培养兴趣，开发学生的创造思维

布鲁纳认为："学习的最好刺激，乃是对所学材料的兴趣。"诺贝尔奖获得者丁肇中教授因为对物理科学的浓厚兴趣，可以几天几夜呆在实验室里，守在仪器旁，急切地希望发现所要探索的的东西，因此，兴趣是创造力的源泉。

我在教学中常常用一些课时让同学们自己组织开展一些有趣的活动，用以激发培养同学们学习语文的兴趣。在学习《卢沟桥的狮子》一课后，我让同学们收集歇后语，开展了"歇后语大赛"活动。活动中，好几个同学一口气背了几十条歇后语。问他们为什么能背这么多，原来大部分同学都收集了几十条歇后语，有的还找来了厚厚的《歇后语大全》在读背。

这以后，我们班先后开展了"成语大赛"、"个人技能竞赛"、"小制作比赛"、"课文剧比赛"、"口头作文竞赛"、"小实验活动"等。这些丰富多彩的活动既激发培养了同学们学习语文的兴趣，又提高了同学们听、说、读、写能力，开发了学生的创造思维。因此，我班的同学学习语文的兴趣很浓。

以上实践，仅是我民主和谐的乐学教学法的实践探索，虽谈不上什么成功的经验，但同学们在《我敬佩的一个人》中是这样肯定的："我敬佩杜老师那种教书的方法，让我们在快乐中学到了知识。我想长大后也做一名像杜老师这样的老师。"

21. 中学语文课堂教学的民主与科学

语文教学的民主化论述

《中学语文新课程标准》明确指出了课堂教学是师生共同建构的过程，强调要在互助合作中学习，特别关注学生的主体性要求，尊重学生的原有知识和经验，顺应学生的自我发展，鼓励学生的个性，培养他们的创新意识和自我探究的学习能力。

　　传统的中学语文教学，采用"阅读——串讲——背诵"的教学模式，显然违背了新课程的教育理念。带有极大的封闭性，而无视学生的主体性要求。以单一的"灌输——接受"方式，凸显教师对课堂教学的主宰性，极端的抹杀学生的主观能动性，束缚学生个性的自由发展。

　　苏联教育家凯洛夫以谈话法为特征的语文教学模式对我国影响很大，乃至今天仍可以看到许多语文课堂教师的"满堂问"，学生的思维被硬牵到各种问题的思索中，弄得疲惫不堪，兴趣全无。呈现今日语文教学的"少、慢、差、费"的状况。

　　这也引起了全体语文教学工作者对传统语文教学的深刻反思和批判，对实施素质教育进行了不懈的探索，期间涌现了一大批先进优秀的语文教学工作者，如叶圣陶、余漪、钱梦龙、宁鸿彬、魏书生、李政西等等，他们对语文教学的卓越贡献和不朽的业绩犹如一盏盏明灯指引着后学者的方向，他们广博的学识、深邃的思想、独特的魅力吸引着无数的后学老师。

　　笔者有幸阅读到他们的教学论著，深受感染，掩卷沉思，却发觉他们那眩目的成功光环下有着一个共同的东西：语文教学的民主与科学。

　　作为一个语文教学的探索者和爱好者，我乐于与大家共同探讨中学语文教学，并以此抛砖引玉。

语文教学的民主性

　　魏书生曾经说过"民主就像是搭在师生心灵的桥，民主程度越高，连接心灵的这座桥梁就越坚固"。教学活动是一个双边互动的活动过程，在此活动中，教师和学生作为两个有着各自独立性的活动主体，他们之间的交流必须建立在彼此互相信赖、互相尊重的基础之上，而不能是一方凌驾于另一方之上的。

尤其是中学语文教学，作为主体的学生更具有独立的思想，相对稳定的心理素质，渴望实现自我的人生价值，因而，中学语文教学必须更充分发扬民主。我认为语文课堂教学的民主包含以下几个方面。

（1）尊重学生的个性。我们要谈尊重学生的个性，首先要弄明白"个性"的概念。学生的个性既有一般年龄特征的共性，又有个别的差异性。它包括个性倾向性和个性心理特征两个方面，个性倾向性包括人的需要、动机、兴趣、志向、信念和世界观等，它制约着人所有的心理活动，是产生积极性的心理动力。

个性心理特征指每个人在气质、性格、能力等方面所表现的特点，它在个性中是比较稳定的成分，在心理过程中形成，又反过来影响心理过程得进行。子曰："求也退，故进之，由也兼人，故退之"，就是强调我们要尊重学生的个性，并正确的引导。

尊重学生个性就是"让每一个学生抬起头来走路"，就是要尊重学生得人格，把学生视为与自己一起在求知道路上探索前进的朋友和同志。而且学生是一个独立的主体，他有自己的个性、追求。

在教学活动中，要予以真诚的关怀、鼓励，用心灵体贴心灵，用尊严去赢得尊严。彻底抛弃封建传统教学中唯教师是从的专制色彩。宁鸿彬老师的"三个允许"、"三个欢迎"也正是尊重学生的典型体现。李兆德在评价魏书生教学民主曾谈到"其身不凌驾学生之上而融于学生之中，其心不孤高自傲而走进学生心灵之中，与学生心心相通。所施不欲教师独霸课堂，而把学生推在主人的地位，这便是教学民主的地位"。

（2）尊重学生的知识和经验。作为独立个体的学生，有着强烈的实现自我价值的欲望，他们通过自己的实践，掌握了不少知识和技能，并具备一定的主观创造力。

在每一次教学活动中，学生都会运用原有的知识和经验来解决所面临的各种新问题，对原有的知识和经验进行巩固、完善、创新，并渴望得到教师的认可，以实现自我的人生价值。教师应当尊重他们每一次课堂思想的交流，并且通过各种激励机制来鼓励和表彰。

（3）尊重学生的主体性。尊重学生的主体性是指语文教学活动必须以学生为主体，不是被动的接受的主体，而是能动的学习的主体。

传统的"填鸭式"和"牵牛式"等越俎代庖的教学模式都是对学生主体性的抹杀和漠视。在谈到语文教学中学生的主体性时强调学生要参与教学决策、教学管理和教学评价，与学生共同探讨制定教学设计方案，训练学生语文学习的自我管理能力，师生共同遵守有关教学要求，让学生对语文教学有建议、监督和评价的权利。魏书生的教学艺术更是凸显了学生的主体性，在教学中一切都和学生展开"商量"是魏老师制胜的法宝。

教学内容、教学方法、教学时间都和学生商量，取决于学生。有一次，魏老师从外讲学归来，按计划应当上《陋室铭》一课，但学生都说这一课早就自学透了，翻译背诵都完成，再上也只是毫无意义的重复，于是魏老师便放弃教学这一课。宁鸿彬老师的"不迷信古人，不迷信名人，不迷信老师"，也都是对学生主体性的尊重。确保语文课堂教学学生的主体性，就是充分发扬民主。

（4）发扬民主必须面向全体学生。素质教育的要义第一是面向全体学生。这也是教育民主的真正体现。我们所教的学生中，不管有多少在这样或那样的语文大赛中获得金牌银牌，但是如果多数学生连一封信都写不好，那么这样的语文教学就没有半点民主气息，也绝不是真正的素质教育。

如果我们的语文教学活动不能无视学生的基础差异而搞"一刀

切"，或置多数学生错字连篇、词不达意而不顾，却要"精心"培养几个"尖子生"、"上线生"，走着八十年代"精英教育"的老路，这显然不符和时代的要求。发扬语文教学的民主就必须面向全体学生。

语文教学的科学

多少年来，我们的语文教学在科学的旗帜下做了不少违背语文教学科学的事：追求语文知识体系如数理化一般的逻辑框架，无视语文教材的人文性而力图进行客观的理性分析，"标准化考试"使教师及学生投入相当多的精力进行猜谜似的"模拟训练"……对语文教育的"科学"，也有这样的"论"，那样的"观"，还有"性"、"法"、"式"等等说法。

其实，"真理总是朴素的"，叶圣陶的一句教都是为了达到用不着教。叶老简洁的一句是高屋建瓴似的真理总结，笔者结合多年的教学经验，认为要符合语文教学的科学性就是要解决学生的两个问题。

（1）要解决学生要学什么的问题。联合国教科文组织在《学会生存》中说"人的生存是一个永无止境的完善过程和学习过程"。查尔斯·赫梅尔也曾说道"从学校获得的大量的知识不再经得起时间的检验了，因而这些知识已不足以终生受用"。

现代社会已处于信息时代，信息的更新速度日益增快，旧有的知识以远远不适应现实社会的要求而不得不继续学习，然而学生往往对庞杂的信息却不知道如何选择。

比如学生学一篇课文时，面对课文所包含的众多的知识点，学生常常显得盲目而不知道要做什么，学习目的是什么，或仅作走马观花似的浏览，或看电视似的直解画面而不做思考，这都是现代学生的通病，我认为钱梦龙老师在探索这方面以走出坚实的一步。钱老师的课堂常常是学生自己便能提出问题，再分析解决问题而化为自己所有的能力。他对一篇课文设计为三个问题，一是写了什么，二是怎样写的，三是为什么要这样写。这也就是使学生自己解决知道要学什么的问题。

（2）要解决学生自己知道怎么学的问题。联合国教科文组织在《学会生存》中指出"未来的文盲，不再是不识字的人，而是没有学会怎样学习的人"。可见，学生学法的指导已是刻不容缓、迫在眉睫，它是语文教学科学性的集中体现。教师对学法指导的方式是具体多样的，并不拘泥于某种具体的模式，但必须遵循一定的原则。

①必须符合语文自身的学科规律。语文学科是工具性和人文性相统一的学科，而我们在教学时往往各执一端，只注重语文学科的"工具性"而忽略"人文性"，只知教书，不知育人。在这一点上反不及传统教育的"文道合一"。魏书生曾谈到"我们应当教育这些普通孩子一点做人之道，以使他们将来能在困难的环境中使自己能够灵活自处，教给他们一点抵御腐朽观念的能力，教给他们回击白眼、讥讽的能力"。在教学中，必须注重语文学科工具性和人文性的统一。

②必须符合学生学习语文的认知规律。在语文教学中，必须以学生的年龄特征、心理认知规律为条件，不可做任何"拔苗助长"式的引导，或无关痛痒的"隔靴搔痒"，那都只会挫伤学生学习的积极性、主动性、创造性。同时，学法的指导还要与"学习类型"相适应。

中学语文课堂教学是师生互动的一个双边活动过程，要在互助合作中积累、巩固、探索、创新，要凸显学生的主体性，促进学生个性的自由发展，实施素质教育，就必须走进学生的心灵，充分尊重学生，发扬民主，科学的从事中学语文教学。

第三章

学生遵纪守法教育的主题活动

1."遵纪守法,从我做起"主题班会活动方案

活动背景

随着我国经济的不断发展,学生的生活也在一天天的发生着改变,在他们的身边也随之出现了形形色色的不同群体或个人,这些人的行为有时会侵犯到学生的权利,如果学生不懂法,也同样地会侵犯到别人的权利。为了增强学生的法律意识,培养他们遵纪守法的能力,某班特地举行了这场以《遵纪守法,从我做起》的主题的班会,旨在通过这种形式来了解掌握法律法规常识,以达到使同学们自觉遵守法律法规的目的。

活动目的

通过这次主题班会活动,学生能明白遵纪守法的重要性,知道运用法律武器保护自身的权益,树立起遵纪守法要从点滴的小事做起的法律意识,教育学生养成自觉遵守和维护法律法规的良好习惯,培养抵抗违法犯罪的能力。

活动准备

(1)准备有关的法律知识材料。

(2)收集有关的遵纪守法案例。

(3)班会活动前由值周班长负责布置好场地。

活动过程

导入

主持人甲:同学们,当你在上学路上与人擦肩而过时;当你在校园里与别人发生争吵时;你是否想到"侵权"两个字?

主持人乙:这些都是法律法规所涉及的内容,同学们都知道哪

些法律法规及校纪校规呢?

　　主持人甲:为了自己和他人的安全,为了每个人幸福和欢乐,让我们多掌握一些法律知识吧。首先,我们以小组为单位进行法规知识竞答。

　　1、《中华人民共和国未成年人保护法》实施的时间?

　　《中华人民共和国未成年人保护法》自1992年1月1日起施行。

　　2、《中华人民共和国义务教育法》实施的时间?(自1986、7、1起施行)

　　3、《中华人民共和国预防未成年人犯罪法》实行的时间?(自1999年11月1日起施行)

　　4、未成年人需要预防哪些不良行为?请列举九种不良行为

　　5、学生在校要遵守哪些校纪校规?

　　如:《中学生日常行为规范》《顾路中学学生一日常规》《学习常规》《作业常规》《行为规范管理条例》《文明礼仪要求》等等

　　6、中学生日常行为规范具体有哪些要求?

　　主持人乙:通过刚才的知识竞答,可以看出同学们善于动脑,积极思考,知道了一些法规知识及在校的一系列规章制度,下面,就让我们把身边发生的事情表达出来,让同学们分析这些行为。

　　主持人甲:我们每天都要与他人接触,我们只有增强法律意识,知道用法律维护自己尊严和他人的权利,我们才能有安全、和谐的学习生活环境。下面让我们欣赏一个小品《都是冲动惹得祸》。

　　主持人乙:小品中反映了哪些违法行为?想想我们身边有没有其他不文明的行为?

　　主持人甲:同学们的发言都很精彩。其实违法犯罪对我们个人、对社会、对家庭都有很大的影响,那我们应该怎样预防违法犯罪呢?

　　主持人乙:接下来,以抽签的方式,被抽到的同学说一说如何

遵纪守法？

主持人甲：同学们的演讲，都很精彩，下面让我们再欣赏一个小品《闯红灯》。

主持人乙：首先请一个同学说说编这个小品的用意。同学们观看以后，懂得了什么道理呢？

主持人甲：法律这简单的两个字已告诉我们如何去做了。法，是依法；律，是律己。法律就是依法律己。千万不能闯这个红灯，否则就是害人害己，后果不堪设想。

主持人乙：我们作为祖国未来的主人，新世纪的一代，我们应学习、认识并了解法律，未来的社会没有法盲立足的机会。

主持人合：让我们一起走进法律里，去认识它，探知它，为我国依法治国做一份应有的贡献吧！

主持人甲：接下来请我们的班长来宣读一份宣言书：

以遵纪守法为荣、以违法乱纪为耻

主持人乙：下面请班主任老师总结。

班主任：刚才同学们的表现都非常好，都能积极参与，特别是自编自演的小品十分精彩，同学们从中感悟到了许多道理。目前世界各国也包括我们国家青少年违法犯罪的现象日益严峻，青少年违法犯罪给我们国家、社会、家庭以及青少年自身都带来了非常大的危害，青少年一旦违法犯罪毁灭的可能是自己的一生、一个家庭甚至是多个家庭。所以我们学校开展法制教育主题班会很有必要，也很及时。对于一些意志力薄弱的同学，明辨是非能力差的同学此时就容易受外界环境的影响而出现不良行为。因此，这就要求我们每一位同学都要具有抵抗违法犯罪的能力，对于同学们具体应该怎样做，注意什么问题，我想强调以下几点：

（1）严格遵守《中学生守则》和《学生在校一日常规》，《守则》和《常规》具体地告诉我们同学怎样来规范自己的行为，同学们应该经常对照《守则》和《常规》来反思自己的行为，及时纠正自己的错误。如果同学们都能够按照《守则》和《常规》的来做，那么同学们就离违法犯罪一定会很远很远的。

（2）慎重交友。

俗话说："近朱者赤，近墨者黑"就是这个道理，通过案例可以看出，不少青少年走上违法犯罪的道路原因之一就是交友不慎，在所谓的"哥们""朋友"的一步步带领下使他们不知不觉的走上了违法犯罪的道路。希望每一位同学都能够擦亮眼睛，寻找对自己真正有帮助的朋友，多结交品德良好的同学。

（3）三思而后行。

常为一句话，一些鸡毛蒜皮的小事大打出手，互不相让，最终酿成悲剧。通过案例可以看出，青少年违法犯罪突发性强充分说明了他们做事冲动，不考虑后果，因此同学们在做任何事情之前一定要三思而后行，想想这样做会给他人带来什么后果，又给自己带来什么后果。因为每一个人都要对自己的所作所为要承担责任的。

遵纪守法是我们每个人做人的最底线，希望通过这次班会能够增强同学们的法律意识，人人成为遵纪守法的好学生。

活动反思

这堂主题班会采取丰富多彩的活动形式，有法律知识竞答；有自编自演的小品表演；有同学准备的《遵纪守法从我做起》的发言交流。老师要求每位同学写好发言稿，经过老师批改后再誊写，让每位同学作好充分的准备以便被抽到，有充分的自信展现自己的风采。小品表演完全是由同学自编自演，取材新颖，生动形象，从同学导演的用意及同学们领悟的道理上看，这种教学效果远远超过老师的讲述，真正体现了学生的主体地位。班长宣读的这份宣言书是

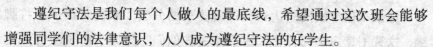

在学生写得发言稿中受到了启发，觉得这种荣辱观应该在班级中宣扬，让每位同学签上自己的名字，代表承诺，更有警示作用。美中不足的是法律知识竞答这一活动环节没有充分的开展，可能刚开始同学比较紧张，没有准备好，主持的两位同学没有给同学们思考的时间，有点仓促。总之，本堂法制教育主题班会活动形式多样，教学效果明显。

2."学生模拟法庭" 主题班会活动方案

活动对象

本次活动的主题是预防学生违法乱纪，活动内容叫"模拟法庭"。由于模拟法庭对学生掌握法律知识、口头表达能力、组织能力要求比较高，建议此主题班会最好在初二及以上年级进行，班主任要精心准备，最好能够联系有关法律人士对学生进行指导，否则很难达到效果。

活动背景

如果小孩考试没能达到父母所要求的分数，家长对孩子拳打脚踢，这算不算违法？若算，该不该去告他们？假如小痞子强行要钱索物，用刀子捅他算不算正当防卫？不让中学生进网吧、游戏机厅等场所，是不是消费歧视……一项调查结果让老师们吓了一跳：原来中学生们竟有这么多的法律困惑，而他们对问题的理解又是似是而非。

在回答"是否希望获得相关法律知识"时，100%学生作了肯定的答复。调查还显示，80%的中学生表示对法律问题感兴趣。这一结果也大大出乎家长和老师的意料。

而与此同时，学习压力大、考试竞争激烈、家长望子成龙、社会变化快……中学生所面临的压力一点不比成人小，而他们的世界观、心理尚未成熟，容易走极端，特别是眼下不少所谓"好孩子"犯罪现象增多，未成年人犯罪案件呈逐年上升趋势，犯罪年龄也向低龄化发展。这些问题说明，正视中学生们的现实问题、加强中学生法制道德教育，扶正倾斜的太平，已到了刻不容缓的地步。

陶行知先生说："从生活与教育的关系上说，是生活决定教育。从效力上说，教育更通过生活才能发出力量而成为真正的教育。"社会化是一个社会得以自上而下延续的关键，若不能按统一的行为规范去实现人的社会化，社会就不能协调发展，而教育正是承担了使每一个社会成员社会化的重任。对青少年的法制教育在其中的意义自不待言。

青少年法律素质的培养应当因材施教，围绕法律思想、依法治国理论、法律规范知识和法律运用能力等几个方面来进行。

活动目的

一、通过参与模拟法庭活动，让学生初步了解法庭审判的基本程序与常识，进一步巩固法律知识，增强法律意识。使学生感受到法律的庄严与公正，学会运用法律武器维护自己的合法权益。通过活动引导学生全面了解庭审工作，培养学生的思维能力和表达能力。

二、使学生认识到我国正在实施依法治国。而诉讼是维护合法权益的最正规、最权威和最有效的途径。

活动准备

组织学生在活动前搜集、学习有关庭审知识。书面准备起诉书、辩护词等法律文件。对学生进行辩论训练，提高学生口头表达能力，体现庭审中以事实为依据，以法律为准绳的基本原则。分配学生分别扮演诉讼参与人。布置教室，气氛应庄严肃穆。

活动过程

一、书记员首先宣布法庭纪律（略）。

二、宣布开庭。

审判长：传被告人到庭。

审判长：某某法院现在这里依法开庭审理人民检察院提起公诉的被告人抢劫案。审理本案的合议庭由审判员、组成，由我担任审判长。书记员担任法庭记录。

审判长：被害人出席法庭。

审判长宣布当事人、法定代理人在庭审过程中享有的权利。

（略）

审判长：今天法庭审理分四个阶段进行，第一阶段法庭调查；第二阶段法庭辩论；第三阶段被告人最后陈述；第四阶段当庭宣告判决。

三、法庭调查

审判长：现在开始法庭调查。（由于班会课的时间限制，在实际操作中，这一环节可以省略）

审判长：首先由公诉人宣读起诉书。

（公诉人宣读起诉书。）

人民检察院

起诉书

审判长、审判员、陪审员：

今天法庭开庭审理人的供述和辩解，并履行第 153 条和检察院组织法第 5 条之规定，我以国家公诉人的身份出庭支持公诉，并履行国家法律监督职能。

被告人，男，22岁，某某市人，初中文化，无业。2004年2月10日被刑事拘留，2月13日被逮捕。抢劫一案，已由市公安局侦查终结，交由本院审查起诉。现查明：

被告人，原系某某市第二中学初中学生。在校期间，一贯不遵守学校纪律，曾被学校纪律处分过两次；1997年6月初中毕业，9月进第二中学高中部事，由于学习成绩较差，于1998年2月辍学。在校期间，多次纠集同班学生对低年级学生以收取"保护费"为由进行敲诈勒索，曾受到过治安处罚。但不思悔改，辍学后仍长期在第二中学游荡，平时多栖身于网吧及营业性舞厅等地。由于无正当收入，一些低年级学生就成了他的猎取目标。

2003年12月，被告人在市第二中学校门口遇到被害人（初二学生，未成年人），当即向被害人索要"保护费"，在拿到六元钱后，被告人嫌金额太少，连打了被害人两个耳光，并要求被害人回家去拿。此后，从2003年12月起至被刑事拘留止，被告人分别以直接索要、打电话、让同学传话等手段，先后索要人民币计823元，及电子辞典一部，以上事实，有缴获的赃款、赃物及本案证人证言等证据证实，被告人也供认在案。其行为已触犯了《中华人民共和国刑法》第263条的规定，构成抢劫罪。为严肃国家法律，维护社会治安秩序，保障社会主义现代化建设事业的顺利进行，依照《中华人民共和国刑事诉讼法》规定，特对被告人提起公诉，请依法判处。

　　此致

市人民检察院
检查员：

附项：

1. 被告人现押于市看守所。

187

2. 附本案卷宗材料一册。

审判员：被告人，刚才公诉人宣读的起诉书你听清楚了没有？

被告人：听清楚了。

审判员：起诉书指控你犯罪的事实，你认为是不是事实，你有什么要陈述的？

被告人：我认为我的行为虽然违法，但不足以构成抢劫罪，具体的内容我想请律师陈述。

审判长：现在被害人可以就起诉书指控的犯罪事实进行陈述。

（被害人陈述。陈述词略）

审判长：现在由控辩双方发问。

（在讯问、发问过程中，如果讯问或发问的内容与本案无关的，审判长要及时制止；如一方对另一方讯问、发问的方式、内容提出异议，审判长应视情况表示是否支持，并对不当的行为进行制止；合议庭成员如认为有必要，可以讯问完毕后作补充讯问、发问。）

审判长：现在由公诉人向法庭举证。

（在实施过程中这一环节可以省略）

四、法庭辩论

审判长：法庭调查结束，现在开始法庭辩论。

审判长：现在由公诉人发言。

公诉人：公诉人认为：根据刑法第 263 条对抢劫罪的规定：以暴力、胁迫或者其他方法抢劫公私财物的，处三年以上十年以下有期徒刑，并处罚金；有下列情形之一的，处十年以上有期徒刑、无期徒刑或者死刑，外处罚金或者没收财产：（一）入户抢劫的；（二）在公共交通工具上抢劫的；（三）抢劫银行或者其他金融机构的；（四）多次抢劫或者抢劫数额巨大的；（五）抢劫致人重伤、死亡的；（六）冒充军警人员抢劫的；（七）持枪抢劫的；（八）抢劫军用物资或者抢险、救灾、救济物资的。被告人以非法占有为目的，用对公私财物的所有人、保管人或其他在场人当场实施暴力、以当场实施暴力相胁迫或者采用其他当场侵犯人身的方法，迫使被害人当场交出财物或者当场夺走其财物的行为，手段恶劣，社会危害性强，已触犯了《中华人民共和国刑法》第263条的规定，构成抢劫罪。请合议庭依据本案的事实和法律作出公正判决。以下几点请合议庭评议时予以考虑：

本案事实清楚。被告的行为已经侵犯了被害人的人身、财产安全。而且还应该看到被害人是尚未成年的初中学生。被告的行为还对其心理造成了极大的伤害。据被害人陈述，被侵害后其学习成绩明显下降，甚至不敢上学，晚上常从噩梦中惊醒，被告的行为还在社会上造成了恶劣的影响。一度让某某市二中的很多家长护送学生上、放学。由此可以看出被告行为的社会危害性严重，不惩治不足以平民愤。对被告人来说，被告人还很年轻，今后的路还很长。本着惩前毖后的原则，对其进行处罚也能够让被告悔过自新，重新做人。

审判长：请辩护人发言。

辩护人宣读辩护词。

抢劫案的辩护词

审判长、陪审员：

根据我国宪法第41条规定："被告人有权获得辩护"。根据中华人民共和国刑事诉讼法第32条第1款的规定，我接受抢劫一案的犯罪嫌疑人的委托，担任他的辩护人，为他进行辩护，出席今天的刑事审判庭进行辩护。我认为：市人民检察院对被告指控的事实是不正确的。根据我的调查和我国刑法第十条的规定，属于情节显著轻微，危害不大的，不是犯罪行为；因此，应宣告无罪。我的辩护理由是：

一、公诉人引用法律有误，本案所定的罪名不确切。虽然公诉书中提到的本案发生的经过经认定与事实没有出入，我的当事人也承认不讳。但是这种行为只是一种敲诈勒索的行为，属于一般违法行为，虽然应受到法律的追究，但只应该承担行政处罚，而不应该被定为"抢劫罪"。这是因为：

根据我国《刑法》第267条：抢夺公私财物，数额较大的，处三年以下有期徒刑、拘役或者管制，并处或者单处罚金；数额巨大或者有其他严重情节的，处三年以上十年以下有期徒刑，并处罚金；数额特别巨大或者有其他特别严重情节的，处十年以上有期徒刑或者无期徒刑，并处罚金或者没收财产。携带凶器抢夺的，依照本法第263条的规定定罪处罚。在本案中，我的当事人没有使用凶器对被害人进行威胁、人身伤害。而且除了第一次从被害人身上获得了6元钱外，其他都是被害人自己从家中拿出来的，不符合"当场实施暴力、以当场实施暴力相胁迫或者采用其他当场侵犯人身的方法，迫使被害人当场交出财物或者当场夺走其财物的行为"构成抢劫罪的要件。所以不能定为抢劫罪。

另外，在本案中经认定，我的当事人只从被害人处非法获取了人民币823元及一部电子辞典，如果折合成人民币，尚不足1000元。根据（2000年4月28日最高人民法院审判委员会第1113次会议通过）法释〔2001〕1号《最高人民法院关于敲诈勒索罪数额认定标准问题的规定》，也达不到敲诈勒索罪的认定。我的当事人的行为虽有一定的社会危害性，但这种行为不是犯罪行为，而是一种在现在学生中存在较多的敲诈勒索的一般违法行为。这种行为只应受到行政处罚。

　　第二，我的当事人虽已成年，他的行为，究其原因，虽与他主观上不思进取、毫无法律意识有关，但也不可否认他周围环境对他的影响很大。案发后他已经认识到了其行为的危害性，态度较好。审判长、陪审员，我的当事人虽然犯了法，但只有22岁，今后的路还很长。如果被定了抢劫罪，受到了刑罚处罚，何谈前途？何谈幸福？

　　审判长、陪审员，纵观全案的所有情节以及前因后果，我认为，此案的性质并未达到犯罪的程度，是属于敲诈勒索的一般违法行为。被告人所造成的伤害后果，也并不严重。被告人虽然违反了相关法律，但本着治病救人的原则，由公安机关采取行政措施予以解决，完全可以达到教育的目的。起诉书以犯有抢劫罪的单方指控，没有体现"法律面前人人平等"的原则，也不利于调整人民内部矛盾。据此，我建议法庭对被告宣告无罪，予以释放，交由公安部门处理。

　　陪审员：被告人是否同意辩护人发表的辩护意见。

　　被告：同意。

　　审判长：公诉人对被告人的辩护人发言有什么意见？

　　（公诉人针对辩护进行驳辩。）

公诉人辩驳词

　　公诉人：我认为辩护人的辩护是不确切的。对抢劫罪，刑法第263条给出的定义是，指以非法占有为目的，以暴力、胁迫或者其他方法强行占有公私财物的行为。辩护人认为"抢劫"必须是"当场获取财物"，非"当场"就不构成此罪。这种认识是不对的。我们对"当场"一说的理解是，既非当场，那么受害人就有了一定的自由时空，可以去寻求法律的保护等，在此情况下，仍对犯罪嫌疑人以抢劫罪追究就不适当了。但是"一定的自由时空"对完全行为能力人而言是有意义的，而当受害人是限制行为能力人时，这个"自由时空"的意义就不大了，甚至没有了任何的意义。在本案中，受害人是初二学生，针对未成年人而实施的强行索取"保护费"的行为，不应以"当场"作为客观要件。对抢劫罪，由于只要实施了抢劫行为，不论是否劫得财物，劫得财物多少，均构成该罪，这就体现了立法者更侧重的是对人身权利的保护，以抢劫罪论处也才能给予未成年人以切实的保护。对那些为索取财物而对未成年人的身心健康造成严重危害的行为，如果不能施以刑罚，刑法对公民人身权利的保护也就不能充分体现，危害未成年人身心健康的行为也不可能受到有效遏制。因此，不能因为犯罪主体的因素而影响此类罪状的定性。

第二，对于辩护人所说，被告的行为是由于其没有认真学习，毫无法律意识引起的，这一点也不能成为不受刑罚处罚的理由。作为成年人没有法律知识、法律意识，只能说明其愚昧无知，而不能作为推卸其犯罪而应承担的责任的理由！

第三，辩护人认为被告人还年轻，其走上犯罪道路与其他客观因素有一定的关系。所以，如对其进行刑罚处罚有可能影响其一生的发展。这一点也是站不住脚的。中国有句俗话："种瓜得瓜，种豆得豆"，一个人必须为其行为承担责任！一个人的思想、行为是受到外部因素的影响的，但从事物的发展来说，"外因是事物变化的条件，内因是事物发展的根据，外因通过内因而起作用"，"苍蝇不叮无缝的蛋"。被告人不能推卸自己的责任！如果仅是由于被告人年轻、无知就可以免受惩罚，那么公理何在？正义何在？包括被害人在内的公民的合法权益怎样得到保护？社会利益怎样才能够被维护？所以，必须追究被告人的刑事责任。

审判长：辩护人对公诉人发言有什么意见？

辩护人：我只是想再次提请合议庭鉴于被告人的犯法行为较轻，对社会、对（被害人）也没有造成重大危害，并且其认罪的态度较好。请合议庭对被告免于追究刑事责任。

审判长：公诉人还有什么要补充的吗？

公诉人：没有。

审判长：辩护人还有什么要补充的吗？

辩护人：没有。

审判长：法庭辩论到此结束，现在由被告人做最后陈述，被告人，你最后还有什么要向法庭陈述的。

被告人：我自己很后悔，希望采纳律师的意见对我从轻处理，给我一个改过自新的机会。

审判长、受害人，我以前看电视，也看到过法庭审判。以前看的时候没有什么感觉，今天我却作为被告站在这里，接受审判。真是后悔莫及，等待我的将是漫漫的铁窗生活。青春对别人来说是锦绣年华，对我来说却是无尽的悔恨和羞辱；本来我就对前途不抱什么想头，现在看来更没有什么希望了。

我承认我犯了错，对被害人造成的伤害在这里我表示道歉，希望他能够原谅我的过错。

其实，造成今天这一后果对我来说并不是偶然的。上小学的时候，我的成绩很好，老师喜欢我，同学羡慕我，那时我是多么幸福呀。上了初中以后，我的父亲和人合伙做生意，很忙，顾不上管我，我妈又整天打麻将，根本不管我。有几次成绩考差了，被我父亲一顿死骂，说我成绩不行将来只能讨饭。我很不以为然，因为我的几个亲戚虽然没什么文化，但都做生意发了大财。可我爸说很多做生意的虽然表面上看上去很风光，但个中的辛苦没几个人知道。我说上学就那么重要吗？你们把它当做象牙塔，真有那么重要吗？我就用鲁迅《华盖集·题记》中的一段话回答他："我以为艺术之宫里有这么麻烦的禁令，倒不如不进去；还是站在沙漠上，看看飞沙走石，乐则大笑，悲则大哭，愤则大骂，即使被沙砾打的遍身粗糙，头破血流，而时时抚着自己的凝血，觉得若有花纹，也未必不及跟着中国的文士们去陪莎士比亚吃黄油面包之有趣。"我爸就火了，把我暴打一顿，说："那你就去喝西北风吧"。我就跑出了家门，这是我第一次离家出走。我无处可去，只能在街头游荡。不久就被几个

大孩子勒索，搜去了身上仅有的几块钱。我第一次发现这个世界实际上是要靠"实力"的。以后我的成绩越来越差，我再也提不起学习的劲头来了。上课时我就趴在桌上睡觉，老师提醒我，我就对他怒目而视。整个学校生活我几乎没有学到过什么，耳朵里满是老师、家长的批评，同学们对我敬而远之。

我开始怀疑我不是一块学习的料，唯一的乐趣就是去网吧，把时间和精力都花在网络游戏上了。但上网吧需要钱，我爸爸早就对我实施了"经济封锁"，我只能偷拿家里的零钱，但有时候就拿不到。于是我想到了低年级的学生，以前高年级的学生也这样对过我！那时我想人生就是一种经历，人人都要经过这些阶段，就像一年要经过春夏秋冬一样。以前我"进贡"过，现在别人也就要向我"进贡"！所以我就向他们要钱，一开始我心里挺怕，"做贼心虚"呀，但几乎没有碰到过"抵抗"。所以我的胆子越来越大，后来我就连到这些学生家里去要钱都不怕了。这我也和"同道中人"交流过，他们说要那些"小家伙""进贡"可以，只要他们不反抗，"心甘情

愿"地把钱交出来，咱就不是犯法。现在看来这种想法是多么愚昧呀。如果那时能学点儿法，知道这种事儿的危害和后果，我是不会落到这种下场的。

我爸到后来也管不住我了，初中我还勉强混毕业了，到高中我实在上不下去，就想和我爸爸一块做生意。第一天帮他发货就发错了，一下就损了五千块。我爸气得发抖，连下来几天都吃不下饭。祸不单行，接下来连续几天都没有什么生意，我爸像一下子老了十岁，这是我第一次体会到生活的艰难。但这也是一闪念，几天后我就厌倦了，还是玩游戏比较好。我就借口补习功课溜了出来，不久就发生了这个事儿。

在看守所里我度日如年，思前想后，爸爸对我的严厉、老师对我的管教，以前我把那些当做是束缚我自由的绳索，现在想来，他们都是为我好呀。我当时如果听进去十分之一也不会落到今天的地步呀。说什么都晚了，我真心忏悔。我只是希望法庭能看在我年纪还轻的份上，已经认识到错了，在量刑上能够从轻，给我一个改过自新的机会。

审判长：现在休庭十分钟，待合议庭合议后当庭宣判。

（合议庭对案件合议后，继续开庭。）

书记员：请公诉人及诉讼参与人按其座位坐好。

书记员：全体起立。

审判长：被告人抢劫一案，经本庭审理，在查明事实，听取双方意见的基础上，合议庭进行宣判。

（由于当庭宣判，所以只宣判重点内容。）

本庭认为，被告人以非法获得他人财物为目的，以暴力、胁迫为手段，获取他人财物，其行为已构成了抢劫罪，应依法惩处。辩护人认为被告不是"当场获得财物",且财物数额较少,因而不构成犯罪的理由不成立。公诉人认为被告人的行为构成抢劫罪的意见是正确的,予以采纳。为严肃国家法律,维护社会治安秩序,保障公民合法财产不受侵犯,依照《中华人民共和国刑法》第263条之规定,判决如下:被告人犯抢劫罪,判处有期徒刑三年,并处罚金4000元。如不服判决,可在接到判决书的第二天起10日内,通过本院或者直接向上海市第一中级人民法院提出上诉,书面上诉应交上诉书正本一份,副本两份。

审判长:,审判员:,书记员:

2004年3月25日。

审判长:被告人,刚才的口头宣判你听清楚没有?

被告人:清楚了。

审判长:对判决有什么意见?是否上诉?

被告人:我要上诉。我还年轻,这种处罚太重了。

审判长:公诉人有什么意见?

公诉人:没有。

审判长:辩护人有什么意见?

辩护人:我保留我的看法,我尊重我的委托人的意见,在规定的期限内向上级人民法院提起上诉。

审判长:市人民法院对市检察院公诉抢劫一案,现在全部审判完毕,闭庭。将被告人押回看守所。

(书记员办理证据交接、被告人等人的签名手续。法警继续维护,不让旁听人员进入审判区域,直到将被告押走。)

活动反思

"模拟法庭"是展现法律文化的很好方式,突出了"司法"本身就是实务与学术的关注点。学生模拟法庭审判，除了必须熟悉法庭中的各项程序和各种角色的特点，更重要的是从中体味、反思深层的法律和民族的文化底蕴，增强学生逻辑思维的能力，把教学与实践有机结合在一起，也丰富了校园文化生活，有力推进了普法宣传活动。模拟法庭作为一种特色活动必将深入，持续地开展下去。

由于模拟法庭对学生掌握法律知识、口头表达能力、组织能力要求比较高，建议此主题班会最好在初二及以上年级进行，班主任要精心准备，最好能够联系有关法律人士对学生进行指导，否则很难达到效果。